스포츠 비즈니스 영어

김수잔 지음

Sports Business
English

도서출판 두남

머리말

서점에 가면 여러 종류의 일반 비즈니스 영어 책을 찾을 수 있다. 하지만 '출장 영어', '이메일 영어', '전화 영어' 등 각각의 주제별로 책이 나누어 있을 뿐, 원하는 내용을 모두 한 권으로 묶어놓은 책은 거의 없다. 여러 주제를 한 권에 다룬 비즈니스 영어 책이 있다 할지라도 저자가 보기에는 필요한 주제들이 누락되어 있다고 판단되었다.

한편, 저자는 대학에서 스포츠경영과 스포츠마케팅을 강의하는 교수로서 제자들이 스포츠비즈니스 현장에서 영어를 필요로 하는 것과 이러한 추세에 맞춰 일부 대학의 체육학과에서 스포츠비즈니스 영어 수업을 개설하였음을 인지하고 있었다. 비록 일반 비즈니스 영어도 스포츠현장에서 일하는 대부분의 제자에게 적용가능하나 외국인에게 상담을 해 주거나 스포츠를 지도해야 하는 제자에게는 부족한 면이 있으므로 보다 전문적인 스포츠비즈니스 영어 책의 필요성을 느꼈다.

위에 언급한 문제들 때문에 저자는 이 책을 쓰게 되었다. 그 과정에서 몇몇 사람들의 도움을 받았으며, 이 자리에 빌려 일부 시나리오의 내용을 제공해 준 곽장열 박사, 내용의 명확성 검토를 도와준 딸 박아름, 상황의 명확성과 내용의 적절성 검토를 도와준 김은영 이랜드 프로축구단 스포츠마케팅 팀장, 편집을 도와준 이지현 제자, 그리고 교정을 도와 준 윤주식 제자에게 감사를 표하고자 한다.

2016. 2. 11

김수잔

차 례

제1장 전화 통화하기 영어

제2장 회의 약속 영어

제3장 예약 영어

제4장 회의진행 영어

제5장 의견교환 영어

제6장 출장 영어

제7장 사회자 영어

제8장 발표자 영어

제9장 그래프 설명 영어

제10장 질의응답 영어

제11장 이메일 영어

제12장 길 안내 영어

제13장 회사 소개 영어

제14장 심부름 영어

제15장 협상 영어

제16장 제품 판매/구매 영어

제17장 상담 영어

제18장 안전 설명 영어

제19장 PT 영어

제20장 스포츠지도 영어

제1장

전화 통화하기 영어

기본 전화하기

자기소개(발신자) 하기

This is Susan Kim from the Korea National Sport University.

한국체육대학교의 김수잔입니다.

통화하고 싶은 대상을 말하기

May I speak to the manager, please?

매니저와 통화할 수 있을까요?

통화가 가능한 시간인지 확인하기

Do you have time to talk for a moment?

잠시 이야기 할 시간 있으세요?

Is this a good(bad) time for you?

통화하기에 시간이 괜찮으세요(안 되세요)?

Did I catch you at a bad time?

전화 받기가 어려우신가요?

기본 전화받기

자기소개(수신자) 하기

This is Il-Kwang Kim from Seowon University.
서원대학교의 김일광입니다.

Thank you for calling Camp Channel. My name is Jane.
캠프채널로 전화 주셔서 감사합니다. 제 이름은 제인입니다.

발신자의 용건을 알고 싶음을 말하기

How can(may) I help you? 또는 May I help you?
어떻게 도와드릴까요?
무엇을 도와드릴까요?

상대방이 통화하고 싶은 사람이 바로 자신임을 말하기

This is she.
저입니다.

Speaking.
저입니다.

전화 바꿔주기

상대방이 누구인지 물어보기

May I ask who is calling?
전화하는 분이 누구인지 알 수 있을까요?

상대방의 이름을 다시 물어보기

Can I have your name again, please?
이름을 다시 한번 말씀해 주실 수 있을까요?

상대방에게 잠시 기다리라고 말하기

Just a moment please.
잠시만요.

Can you hold for a moment?
잠시 기다려주시겠어요?

내선번호 통해 통화대상과 연결하기

통화하고 싶은 대상을 말하기

May I speak to someone (Mr. John Smith) from the Sport Marketing Department, please?

스포츠마케팅 부서의 누구(미스터 존 스미스씨)와 통화 할 수 있을까요?

직접 연결이 어려운 대상을 말하기

I'm trying to reach Mr. John Smith from the Sport Marketing Department.

스포츠마케팅 부서의 미스터 존 스미스씨와 통화를 하고 싶습니다.

I'm trying to reach the Sport Marketing Department.

스포츠마케팅 부서에 통화를 하고 싶습니다.

통화하고 싶은 대상의 번호를 묻기

Can I have the manager's extension(phone) number?

매니저의 내선(전화)번호를 알 수 있을까요?

Can I have the marketing department's extension(phone) number?
마케팅 부서의 내선(전화)번호를 알 수 있을까요?

전화 연결을 부탁하기

Can you connect me to him?
그 분과 연결해 주실 수 있을까요?

Can you connect me to the Human Resource Department?
인사부와 전화 연결을 해주실 수 있을까요?

상대방이 누구인지 알고 싶음을 말하기

May I ask who is calling?
전화하는 분이 누구인지 알 수 있을까요?

전화 연결 해 드리기

Just a moment please. I will transfer(connect) your call.
잠시만요. 연결해 드리겠습니다.

Can you hold for a moment? I will transfer(connect) your call.
잠시 기다려주시겠어요? 연결해 드리겠습니다.

연결이 끊어질 경우를 위해 안내하기

In case you get disconnected, the extension number is 787.
만약 연결이 끊어지면, 내선번호는 787입니다.

In case you get disconnected, please press 787.
만약 연결이 끊어지면, 787을 눌러주세요.

통화가 어려운 상황임을 알리기

통화하기 어려움을 말하기

I can't talk right now.
지금 통화하기 어렵습니다.

He is not available right now.
그는 지금 통화하기 어렵습니다.

바빠서 통화하기 어려움을 말하기

I am busy right now.
지금 바쁩니다.

회의 중임을 말하기

I'm in a meeting(conference) right now.
회의 중입니다.

다른 사람과 이미 통화 중임을 말하기

I am on another line right now.

다른 분과 통화 중입니다.

주의: *I'm sorry* 아니면 *I'm afraid*로 죄송한 마음을 표현하면서 통화가 어려운 이유를 밝히는 것이 좋다. 직접 말할 경우 I'm sorry라 하지만 3자가 말할 경우 둘 다 사용 가능하다.

예) I'm sorry I can't talk right now.
죄송하지만, 지금 통화하기 어렵습니다.

I'm sorry(afraid) he can't talk right now.
죄송하지만, 그는 지금 통화하기 어렵습니다.

다시 통화 또는 회신하기

다시 전화 해달라고 부탁하기

Can you call me back?
다시 전화 해 주시겠어요?

아는 상대방에게 다시 전화 해주겠다고 말하기

Can I call you back?
제가 다시 전화 드려도 될까요?

I will call you back.
제가 다시 전화 드리겠습니다.

부재중 못 받았던 전화 회신하기

I'm returning your call from this morning.
오전에 전화 하신 것 때문에 전화 드렸습니다.

STEP 7

통화가 불가능한 상황임을 알리기

자리에 없음을 알리기

He's not here right now.

그는 지금 사무실에 없습니다.

업무상 사무실을 떠났음을 알리기

He left the office on business.

그는 업무상 사무실을 떠났습니다.

He left the office to take care of some business.

그는 업무처리 위해 사무실을 떠났습니다.

개인용무로 사무실을 떠났음을 알리기

He left the office on personal business

그는 개인용무로 사무실을 떠났습니다.

He left the office to take care of some personal business.

그는 개인사정으로 인해 사무실을 떠났습니다.

▮ 식사하러 나갔음을 알리기

He is out for lunch

그는 점심 식사하러 나갔습니다.

▮ 일찍 퇴근했음을 알리기

He already left the office for today.

그는 이미 퇴근했습니다.

He's off for today.

오늘 그는 출근하지 않습니다.

▮ 쉬는 날임을 알리기

Today is his day off.

오늘은 그의 쉬는 날입니다.

He's off for today.

오늘은 그의 쉬는 날입니다.

He took the day off today.

오늘 그는 월차를 썼습니다.

▮ 아파서 출근하지 않았음을 알리기

He called in sick today.

그는 아파서 출근하지 않았습니다.

출장으로 인해 부재임을 알리기

He is on a business trip.

그는 출장 중입니다.

휴가로 인해 부재중임을 알리기

He is on vacation.

그는 휴가 중입니다.

다른 지역에 있음을 알리기

He is out of town (the country).

그는 시외(해외)에 있습니다.

주의: *I'm sorry* 아니면 *I'm afraid*로 죄송한 마음을 표현하면서 통화가 불가능한 이유를 밝히는 것이 좋다.

예) I'm sorry(afraid) he is out of town.
죄송하지만, 그는 지금 해외에 있습니다.

메시지 남기기

메시지 남기고 싶음을 알리기

Can I leave a message?
메시지 남겨도 될까요?

전화했음을 전해달라고 부탁하기

Please tell Mr. John Smith that Peter Brown called.
존스 스미스씨에게 피터 브라운씨가 전화 했었다고 전해 주세요.

부재중이었던 대상에게 전화 부탁하는 메시지 남기기

Please have Mr. John Smith call me back(return my call) as soon as possible.
존 스미스씨에게 최대로 빨리 회신전화를 부탁한다고 전해 주시기 바랍니다.

Please have Mr. John Smith call Peter Brown at 410-6878 as soon as possible.
존 스미스씨로 하여금 최대로 빨리 410-6878로 피터 브라운씨에게 전화를 해 달라고 전해 주시기 바랍니다.

메시지 받기

메시지를 남기고자 하는지를 묻기

Would you like to leave a message?
메시지를 남기시겠어요?

Would you like me to take a message?
제가 메시지를 받아놓을까요?

Can I take a message?
제가 메시지를 받아놓을까요?

잠시 필기도구를 찾아야 함을 알리기

Let me get a piece of paper to write on.
잠시 쓸 종이를 찾겠습니다.

Let me get a pen to write with.
잠시 쓸 펜을 찾겠습니다.

잘못 걸어 온 전화에 대처하기

원하는 대상이 없음을 알리기

There is nobody here by that name.
그런 사람은 여기에 없습니다.

I think you have the wrong number.
전화번호가 틀린 것 같습니다.

전화번호가 맞는지를 확인하기

May I ask what number you called?
어느 번호로 거셨는지 물어봐도 될까요?

통화 중 문제에 대처하기

상대방의 말을 알아듣지 못함을 알리기

Can you repeat that again?

죄송합니다. 말씀하신 것을 반복해 주실 수 있나요?

What did you say?

죄송합니다. 지금 무엇이라 말씀 하셨나요?

상대방에게 잘 들리지 않음을 말하기

I can't hear you. Can you speak up please?

잘 들리지 않습니다. 조금 더 크게 말씀해 주실 수 있나요?

통화 중단하기

I have to go(run).

이제 끊어야겠습니다.

I think I better be going.

이제 끊어야 할 것 같습니다.

배터리가 곧 없어질 것을 알리기

I am running out of battery.

배터리가 얼마 남지 않았습니다.

주의: 위 표현들은 모두 'I am sorry'로 시작하는 것이 좋다.

제2장

회의 약속 영어

회의 추진하기

I would like to talk(discuss) with you about…

…에 대해서 이야기 나누었으면 합니다.

I would like to talk to you in person.

적접 만나서 이야기 했으면 합니다.

Let's meet(have a meeting) sometime next week.

다음 주 언제 만납시다(회의합시다).

STEP 2

회의 날짜와 시간 정하기

상대방에게 선호하는 날(시간) 물어보기

Do you have any day(time) in mind?
당신이 생각하시는 날이 있나요?

Do you have a particular day(time) in mind?
당신이 특별히 생각하시는 날이 있나요?

Is there a particular day(time) which you prefer?
당신이 특별히 선호하는 날이 있나요?

When will be a good day(time) for you?
당신에게 좋은 날이 언제입니까?

주의: 'day and time'으로 날짜와 시간을 동시에 물어볼 수 있다.

개인적으로 선호하는 날 말하기

How about April the 23rd?
4월 23일은 어떠세요?

상대방이 제안한 날이 괜찮다고 말하기

That would be fine(okay).
괜찮을 것 같습니다.

That would be good(great).
좋을 것 같습니다.

I think that would be fine(good).
괜찮을 것 같습니다(좋을 것 같습니다).

April the 23rd will be fine(good).
4월 23일이 괜찮을 것(좋을 것) 같습니다.

상대방이 제안한 날이 불가능하다고 말하기

I have a prior appointment that day.
그 날에 선약이 있습니다.

I do not have time that day.
그 날에 시간이 없습니다.

I have other plans that day.
그 날에 다른 계획이 있습니다.

I am busy that day.
저는 그날 바쁩니다.

STEP 3

회의 취소하기

I'm going to have to cancel our meeting.

회의를 취소해야 할 것 같습니다.

회의 날짜와 시간 변경하기

회의 날짜(시간)의 변경하기

Can we reschedule our meeting?
회의(모임) 날짜를 변경해도 괜찮을까요?

Can we move our meeting to another day?
회의를 다른 날로 변경해도 괜찮을까요?

Can we reschedule our meeting for Monday 2 pm to Wednesday 3pm?
월요일 2시 회의를 수요일 3시로 변경해도 괜찮을까요?

회의 날짜(시간)를 미루기

Can we postpone our meeting to another day?
회의를 다른 날로 미루어도 괜찮을까요?

Can we move our meeting to a later date(time)?
회의를 다른 날로(시간으로) 미루어도 괜찮을까요?

Can we postpone our Monday morning meeting to Wednesday afternoon?
월요일 오전 회의를 수요일 오후로 미루어도 괜찮을까요?

회의 날짜(시간)를 앞당기기

Can we move up our meeting to another day?
회의를 다른 날로 앞 당겨도 괜찮을까요?

Can we move our meeting to an earlier date(time)?
회의시간을 다른 날로(시간으로) 앞 당겨도 괜찮을까요?

Can we move up our Wednesday morning meeting to Monday afternoon?
수요일 오전 회의를 월요일 오후로 앞 당겨도 괜찮을까요?

제3장

예약 영어

예약 의사 밝히기

I would like to make(set up) an appointment.
시간을 예약하고 싶습니다.

I would like to make(set up) an appointment to see the manager.
매니저를 만나기 위한 시간을 예약하고 싶습니다.

STEP 2

예약 날짜와 시간 정하기

개인적으로 선호하는 날(시간) 묻기

Do you have any day(time) in mind?
당신이 생각하시는 날이 있나요?

Do you have a particular day(time) in mind?
당신이 특별히 생각하시는 날이 있나요?

Is there a particular day(time) which you prefer?
당신이 특별히 선호하는 날이 있나요?

When will be a good day(time) for you?
당신에게 좋은 날이 언제입니까?

주의: 'day and time'으로 날짜와 시간을 동시에 물어볼 수 있다.

개인적으로 선호하는 날 말하기

How about April the 23rd?
4월 23일은 어떠세요?

Can I make an appointment for April the 3rd?
4월 3일에 예약할 수 있을까요?

Can I make an appointment for 3 o'clock
3시에 예약할 수 있을까요?

Can I make an appointment for 3 o'clock on April the 3rd?
4월 3일, 3시에 예약할 수 있을까요?

상대방이 제안한 날이 괜찮다고 말하기

That would be fine(okay).
괜찮을 것 같습니다.

That would be good(great).
좋을 것 같습니다.

I think that would be fine(good).
괜찮을 것 같습니다(좋을 것 같습니다).

April the 23rd will be fine(good).
4월 23일이 괜찮을 것(좋을 것) 같습니다.

상대방이 제안한 날이 불가능하다고 말하기

I have a prior appointment that day.
그 날에 선약이 있습니다.

I do not have time that day.
그 날에 시간이 없습니다.

I have other plans that day.
그 날에 다른 계획이 있습니다.

I am busy that day.
저는 그날 바쁩니다.

예약 취소하기

예약 취소하기

I'm going to have to cancel my appointment.

예약을 취소해야 할 것 같습니다.

I would like to cancel my appointment for 3 o'clock on April the 3rd.

4월 3일의 3시 예약을 취소하고 싶습니다.

취소 위해 예약 날짜 묻기

When(What day) was your appointment set up for?

어느 날 예약을 하셨나요?

예약 날짜와 시간 변경하기

예약날짜(시간)의 변경하기

Can I reschedule my appointment?
예약날짜를 변경해도 괜찮을까요?

Can I move my appointment to another day?
예약날짜를 다른 날짜로 변경해도 괜찮을까요?

Can I reschedule my appointment for Monday 2 pm to Wednesday 3pm?
월요일 2시 예약을 수요일 3시로 변경해도 괜찮을까요?

예약날짜(시간)를 미루기

Can I postpone(move) my appointment to another day?
예약날짜를 다른 날짜로 미루어도 괜찮을까요?

Can we postpone our Monday morning meeting to Wednesday afternoon?
월요일 오전 예약을 수요일 오후로 미루어도 괜찮을까요?

예약날짜(시간)를 앞당기기

Can I move up my appointment to another day?
예약날짜를 다른 날로 앞 당겨도 괜찮을까요?

Can I move my appointment to an earlier date(time)?
예약시간을 다른 날로(시간으로) 앞 당겨도 괜찮을까요?

Can I move up my Wednesday morning appointment to Monday afternoon?
수요일 오전 회의를 월요일 오후로 앞 당겨도 괜찮을까요?

제4장

회의진행 영어

회의 시작하기

자리 정리를 요구하기

Everyone, please come to order.
자리를 정리하여 주시기 바랍니다.

Everyone, please have a seat.
모두 착석해 주시기 바랍니다.

공식적 회의의 개회를 선언하기

Good morning(afternoon). I declare the meeting open
안녕하십니까. 개회를 선언합니다.

Ladies and gentlemen. I declare the meeting open.
여러분, 개회를 선언합니다.

참석에 대한 감사를 표현하기

First, I would like to thank you for coming.
먼저 참석하여 주셔서 감사합니다.

충분하게 미리 공지하지 못한 점에 대해 양해 구하기

I apologize for asking everyone to come on such short notice.

충분하게 미리 공지하지 못한 점에 대해 양해를 구합니다.

회의 참석자 소개하기

서로 아는 사람의 경우, 참석하지 못한 사람에 대해 언급하기

Ms. Brown could not be here because of a prior engagement.

미스 브라운씨는 선약이 있어서 참석하지 못했습니다.

Ms. Brown could not be here because she is ill(out of town).

미스 브라운씨는 아파서(지방에 계셔서) 참석하지 못했습니다.

내부인들에게 외부인 참석자 소개하기

We have with us a guest. I would like to introduce to you Mr. Park, the public relations manager from KSSM.

외부에서 오신 분이 계십니다. KSSM의 PR 담당자이신 박과장님을 소개합니다.

Please welcome Mr. Park, the PR manager from KSSM.

KSSM의 PR 담당자이신 박과장님을 환영하여 주시기 바랍니다.

서로 모르는 경우, 참석자 소개하기

Let me introduce you to our attendees

참석자를 소개합니다.

We have with us President Myungki Lee from Camp Channel.

캠프채널의 이명기 사장님이 함께 하였습니다.

On my left is Ms. Jihyun Lee, Team Manager of A Soccer Club.

제 왼쪽에 A 축구클럽의 존 김 팀매니저가 계십니다.

To his(her) right is Jason Yoon, the Team Manager of B Soccer Club.

그(그녀)의 오른쪽에는 B 축구클럽의 제이슨 윤 팀매니저가 계십니다.

Next to him(her) is Mr. Jooman Kim, the CEO of ABC company.

그(그녀)의 옆에는 ABC사의 김주만 CEO가 계십니다.

회의 목적 소개하기

회의의 목적을 말하기

The purpose of this meeting is to…
본 회의의 목적은…

We are here today to…
저희들이 모인 이유는…

I called this meeting to…
회의를 소집한 이유는…

- address the issue of recent declining sales.
- discuss about the problem of recent declining sales.

최근의 매출 감소 문제에 대해 의논하기 위해서입니다.

회의로 인해 기대하는 결과를 말하기

By the end of this meeting, I hope to have a plan that…
회의가 끝날 때쯤 …할 수 있는 계획을 갖는 것이 제 희망입니다.

It is my wish to…

제가 원하는 것은…

- identify how we can increase sales.
  매출 올릴 수 있는 방법을 모색하는 것입니다.

- find ways to increase sales.
  매출 올릴 수 있는 방법을 찾는 것입니다.

- identify a course of action for increasing sales.
  매출 올릴 수 있는 행동방안을 모색하는 것입니다.

- identify countermeasures to beat our competitors?
  경쟁사를 대적할 대책을 모색하는(찾는) 것입니다.

- brainstorm about ways to increase sales.
  매출 올릴 수 있는 방법에 대해 브레인스토밍 하는 것입니다.

- come up with a plan that will increase sales.
- come forward with a plan that will increase sales.
- put together a plan that will increase sales.
  매출 올릴 수 있는 계획(해결책)을 마련하는 것입니다.

회의 안건 소개하기

회의 안건으로 넘어가기

Let us go over the agenda for this meeting.
회의 안건을 봅시다.

유인물에 나타나는 회의 안건 안내하기

Please refer to the list of agenda for today's meeting on your handout.
오늘의 회의 안건을 유인물에서 참고하시기 바랍니다.

The agenda for today's meeting are listed in your handout.
오늘의 회의 안건은 여러분의 유인물에서 볼 수 있습니다.

회의 안건 말하기

The first(second) item on the agenda is…
첫 번째(두 번째) 안건은 …입니다.

Next on the agenda is…
다음 안건은 …입니다.

안건관련 배경사항 설명하기

배경사항에 대한 설명을 부탁하기

Mr. Kim, Will(can) you brief us on the situation?
Mr. Kim, Will(can) you briefly describe to us the situation?
미스터 김, 상황에 대해 설명하여 주시겠습니까?

Will(can) you brief us on the situation regarding agenda 1?
안건 1에 대한 상황 설명하여 주실 수 있나요?

배경사항에 대해 설명하겠다고 말하기

Let me brief you on the situation.
Let me briefly describe to you the situation.
상황에 대해 간단히 설명하겠습니다.

직면하는 문제를 말하기

We are confronted with the problem of declining sales.
We are facing the problem of declining sales.
우리는 매출이 감소하는 문제에 직면하고 있습니다.

문제의 심각성을 강조하기

To make matter worse, competition in increasing.
설상가상으로 경쟁이 치열해지고 있습니다.

To make matter worse, competitor A has introduced a new product.
설상가상으로 경쟁자 A는 신제품을 출시하였습니다.

To make matter worse, competitor B has lowered its prices.
설상가상으로 경쟁자B는 가격을 인하시켰습니다.

문제에 대한 이해를 확인하기

Does everyone understand the problem?
모두 문제를 이해하셨나요?

질문이 있는지에 대해 물어보기

Are there any questions?
질문이 있나요?

의견 요청하기

참석자의 의견을 듣고 싶음을 말하기

I would like to hear what you have to say.
여러분께서 하시고 싶은 말씀을 듣고 싶습니다.

I would like to give everyone a chance to comment.
모두에게 발언할 기회를 드리겠습니다.

참석자의 의견 제안을 격려하기

I'm counting on everyone to provide input.
모두 의견을 제시해 줄 것을 기대합니다.

Please feel free to offer(give) your opinion.
모두 부담 갖지 말고 의견을 말해 주십시오.

경험자에게 먼저 제안하도록 하기

Mr. Lee, this is an area in which you have the most experience. Perhaps you would like to comment first?
미스터 리, 당신은 이 분야에서 가장 많은 경험을 가지고 있습니다. 먼저 발언하겠습니까?

Mr. Lee, would you be willing to offer your opinion first. You have the most experience in sport marketing.

미스터 리, 의견을 가장 먼저 제공하시겠습니까?
당신은 스포츠마케팅에 있어서 가장 많은 경험을 가지고 있습니다.

Mr. Lee, would you be willing to share your ideas first?

미스터 리, 아이디어를 가장 먼저 공유하시겠습니까?

특정인에게 의견을 직접 요청하기

Mr. Kim, what is your position(opinion)?

미스터 김, 당신의 입장(의견)은 무엇인가요?

Mr. Kim, what are your thoughts(views)?

미스터 김, 당신의 생각은(견해는) 무엇인가요?

Mr. Kim, what do you think (about …)?

미스터 김, 당신은 (…에 대해서) 어떻게 생각하시나요?

Mr. Kim, I would like to hear your opinion.

미스터 김, 당신의 의견에 대해 듣고 싶습니다.

Mr. Kim, I would like to know what you think.

미스터 김, 당신의 생각에 대해 알고 싶습니다.

추가 의견 받기

How about you Mr. Park?

미스터 박은요?

Is there any other opinion?
다른 의견이 있나요?

Are there any other alternatives?
다른 대안이 있나요?

상대방의 의견에 대한 설명 부탁하기

What are your reasons for wanting to…
…을 선호하는 이유는 무엇인가요?

Can you explain the reason?
이유를 설명해 주실 수 있나요?

Can you explain why you think…?
…을 생각하는 그 이유에 대해 설명해 주실 수 있나요?

근거를 요청하기

Do you have any evidence that customer needs have changed(will change)?
고객의 욕구가 변했다는(변할 것이라는) 근거가 있나요?

발언 기회 요청하기

Excuse me, can I say a few words?
실례합니다. 제가 몇 마디 해도 될까요?

May I say something?
제가 한마디 해도 될까요?

Can I make a comment?
제가 코멘트 해도 될까요?

제안하기

주의: 제안하는 행위는 의견을 밝히는 것과 밀접하기 때문에 '제5장 의견교환 영어'의 'STEP 1 개인적 생각을 말하기' 부분(p.76)도 참고하십시오.

일반적으로 제안하기

Why don't we increase the advertising budget?
광고예산을 늘리는 것은 어떨까요?

Perhaps we should increase the advertising budget.
광고예산을 늘려야 하지 않을까 생각합니다.
광고예산을 늘리는 것이 좋지 않을까 생각합니다.

I suggest that we increase the advertising budget.
광고예산을 늘리는 것을 제안합니다.

투표사항으로 제안하기

I propose that we increase the advertising budget.
광고예산을 늘리는 것을 제안합니다.

I (strongly) recommend that we increase the advertising budget.

광고예산을 늘리는 것을 (강력히) 건의합니다.

I move that we increase the advertising budget.

광고예산을 늘리는 것을 건의합니다.

제안에 찬성/반대하기

주의: 다음 '제5장 의견교환 영어'의 'STEP 5 의견에 동의하기'와 'STEP 6 의견에 반대하기'와 'STEP 7 문제 제기하기' 부분(pp.82~85)을 참고하십시오.

제안에 동의하기

I second that.
I second that move(proposal).
동의합니다.

제안에 재청하기

I third that.
재청합니다.

일반적 제안에 찬성하기

I'm in favor of Mr. Smith's proposal to…
I support Mr. Smith's proposal to…
미스터 스미스씨의 … 제안에 찬성합니다.

일반적 제안에 조건부로 찬성하기

I support Mr. Smith's proposal on the condition that…
미스터 스미스씨의 제안을 … 조건하에 찬성합니다.

일반적 제안에 반대하기

I am against the proposal because…
I am opposed to the proposal because…
I object to the proposal because…
…때문에 저는 제안에 반대합니다.

I cannot accept the proposal because…
…때문에 제안을 수용할 수 없습니다.

I do not think the procedure is proper.
저는 절차가 적합하지 않다고 생각합니다.

I do not think the plan is suitable.
저는 계획이 적절하지 않다고 생각합니다.

투표 진행하기

투표를 제안하기

Let's take a vote.
투표합시다.

Let's vote.
투표합시다.

투표방법 정하기

Shall we have an open(secret) ballot?
공개(비밀)투표를 할까요?

We will have an open(a secret) ballot.
공개(비밀)투표를 하겠습니다.

투표하기

How many are in favor of alternative 1? Please raise your hand.
대안 1에 찬성하시는 분은 몇 명입니까? 손을 들어주십시오.

How many are against alternative 1? Please raise your hand.
대안 1을 반대하시는 분은 몇 명입니까? 손을 들어주십시오.

Those against(in favor of) alternative #, please raise your hand.
대안 #에 반대(찬성)하시는 분은 손을 들어주십시오.

Those against(in favor), please raise your hand.
반대(찬성)하시는 분은 손을 들어주십시오.

투표 결과 말하기

Alternative 2 is accepted by 7 to 3.
대안 2가 7대 3으로 수용되었습니다.

Alternative 2 is accepted by the majority.
대안 2가 과반수로 수용되었습니다.

Alternative 2 is accepted by an overwhelming majority.
대안 2가 다수 의결로 수용되었습니다.

STEP 11

회의 통제하기

다음 안건으로(주제로) 넘어가기

Let's move on to the next agenda.
다음 안건으로 넘어갑시다.

Can we move on to the subject of advertising?
광고 주제로 옮겨가 볼까요?

The next item on the agenda is advertising.
다음 안건은 광고에 대한 것입니다.

의견 제안시간 제한하기

Please try to limit your comments to no more than three minutes.
가급적이면 의견 제안은 3분 넘지 않도록 해 주시기 바랍니다.

Please try to limit your comments to three minutes.
가급적이면 의견 제안은 3분 이내로 해 주시기 바랍니다.

누가 말할 때 끼어드는 것을 막기

Excuse me. I'd like to have Mr. Smith finish his comment.
죄송합니다. 미스터 스미스의 말을 다 들은 후에 다른 분들의 말을 듣도록 하겠습니다.

Please(Let us) allow Mr. Smith to finish what he is saying.
미스터 스미스가 끝까지 말할 수 있도록 합시다.

핵심 요청하기

Would you please get to the point.
핵심을 말씀해 주시겠습니까?

What is your point?
핵심이 뭐죠?

벗어난 주제로 돌아가기

Let's stay focused on our topic.
주제에서 벗어나지 않도록 합시다.

Would you please confine the discussion to the subject of…?
논의의 범위를 …이라는 주제로 한정해 주실 수 있나요?

회의 마무리하기

남은 안건을 다음 회의로 미루기

Let's discuss the rest at the next meeting.
남은 안건에 대해서는 다음 회의에서 토론합시다.

Let's leave the rest for the next meeting.
남은 안건은 다음 회의에서 상정하겠습니다.

We can take up from here at the next meeting.
다음 회의에서 남은 안건을 다루도록 합시다.

참석자의 협조에 대해 감사하기

Before closing the meeting, I'd like to thank everyone for their cooperation.
회의 마무리하기 전에 여러분의 협조에 대해 감사드립니다.

Thank you for your cooperation.
협조해 주셔서 감사합니다.

폐회 선언하기

The meeting is adjourned (closed).

회의가 끝났습니다.

제5장

의견교환 영어

개인적 생각을 말하기

개인적 의견임을 강조하기

In my opinion, we have to increase promotional activities.

제 의견으로는 촉진활동을 강화시켜야 합니다.

It is my opinion that we should increase promotional activities.

촉진활동을 강화시켜야 한다는 것이 제 의견입니다.

I personally think that we should increase promotional activities.

저는 개인적으로 우리가 촉진활동을 강화시켜야 한다고 생각합니다.

상황에 대한 개인적 생각을 말하기

The way I look at it…
The way I see it…
As far as I can see…

제가 보기에는…

As far as I am concerned…

저로서는…

From my point of view…

제 입장에서 보면…

My understanding is that…
It is my understanding that…

제가 이해하기로는…

I gather that

짐작컨대…

확신정도 나타내기

의견에 대한 확신 나타내기

I have no doubt that…
I'm certain that…
…에 확신합니다.

There is no question of…
…에 대해서는 의문의 여지가 없습니다.

의견에 대한 불확신 나타내기

I could be wrong, but…
제가 잘못 알고 있을 수 있겠지만…

I have doubts about…
I'm not certain that…
…에 확신이 없습니다.

가정하는 사항을 말하기

예상한 사항을 말하며 제안하기

I assume(presume) that customers want low price. In that case…

저는 고객들이 저가격을 원한다고 간주합니다. 이런 상황에서…

Assuming that customers want low price, I think…

고객이 저가격을 원한다고 간주하면, 저는 …라고 생각합니다.

상대방의 동의를 가정하고 제안하기

I think you'll agree that…

…라는 점에 모두 동의할 것이라고 생각합니다.

기타 방법으로 생각 말하기

무엇을 강조하기

I want to stress that warm up is very important before working out.

운동 전 준비운동은 매우 중요하다는 것을 강조하고 싶습니다.

앞에서 한 말에 뭔가를 덧붙이기

I want to add that…

I would like to add that…

…이라고 덧붙이고 싶습니다.

다른 사람의 입장에서 말하기

If I were in your shoes, I would…

만약 제가 당신의 입장이라면, 저는…

여건상 하지 않을 수 없는 상황에 대해 말하기

We have no other option but to…

우리에게 …하는 것 이외 다른 대안이 없습니다.

We don't have any choice but to…
우리는 …하는 것 이외 선택이 없습니다.

It is inevitable that we should…
우리가 …해야 하는 것이 불가피한 것 같습니다.

논리적 근거를 제시할 때

That being the case(situation), it is reasonable(logical) to think that…
그런 상황에서 …을 생각하는 것은 합리적(논리적)인 것 같습니다.

의견에 동의하기

의견에 동의하기

I (completely, totally) agree with Mr. Smith.

저는 (전적으로) 미스터 스미스씨와 동의합니다.

(By and large) I agree with what Mr. Smith said.

(대체로, 전반적으로) 저는 미스터 스미스씨가 말씀하신 내용에 동의합니다.

I am of the same opinion as Mr. Smith.

저는 미스터 스미스씨와 같은 의견입니다.

I agree that the customer needs are changing.

고객의 욕구가 변화하고 있다는 점에 대해 동의합니다.

I agree with Mr. Smith that the customer needs are changing.

저는 고객의 욕구가 변화하고 있다는 점에 대해 미스터 스미스씨의 의견에 동의합니다.

You are right in saying that customer needs are changing.

고객의 욕구가 변화하고 있다는 말씀이 옳아요.

주의: 상황에 따라 위 문장들은 동의가 아닌 동감으로 해석될 수 있음.

의견에 일부 동의하기

I agree up to a point.
I agree to some extent.
어느 정도는 동의합니다.

I agree up to the point that…
…이라는 내용까지는 동의합니다.

의견에 반대하기

I disagree with Mr. Smith.
저는 미스터 스미스씨의 의견에 동의하지 않습니다.

I disagree with what Mr. Smith said.
저는 미스터 스미스씨가 말씀하신 내용에 동의하지 않습니다.

I am not of the same opinion as Mr. Smith.
저는 미스터 스미스씨와 같은 의견을 가지고 있지 않습니다.

I am of a different opinion as Mr. Smith.
저는 미스터 스미스씨와 다른 의견을 가지고 있습니다.

I disagree that the customer needs are changing.
저는 고객의 욕구가 변화하고 있다는 주장에 동의하지 않습니다.
저는 고객의 욕구가 변화하고 있다고 생각하지 않습니다.

I disagree with Mr. Smith that the customer needs are changing.
저는 고객의 욕구가 변화하고 있다는 미스터 스미스씨의 주장에 동의하지 않습니다.

문제 제기하기

문제제기 전 상대방의 입장에 대한 이해 말하기

I understand your situation, but…

당신의 상황을 이해하지만…

I see your point, but…

당신의 요점은 알겠지만…

There is merit to your proposal, but…

당신의 제안에 장점이 많지만…

문제 제기하기

I think there is a problem with your idea because…

…때문에 당신의 아이디어에 문제가 있어 보입니다.
…때문에 당신의 아이디어에 문제가 있다고 생각합니다.

I don't think the plan will work(succeed) because…

…때문에 계획이 성공하지 못할 것 같습니다.

예상하는 문제 제기하기

I anticipate the problem of sales declining.
매출감소의 문제가 예상됩니다.

I'm concerned that sales might decline.
매출이 감소할 우려가 있습니다.

There is the possibility that sales might decline.
매출이 감소할 가능성이 있습니다.

제안에 대한 불편을 말하기

I don't feel comfortable with the idea of firing 10% of our employees.
저는 직원의 10%를 해고해야 하는 점에 대해서 불편하게 생각합니다.

이해 부족 말하기

자신의 이해부족을 말하기

I don't know what you are talking about.
무슨 말씀을 하시는 것인지 잘 모르겠습니다.

I don't understand what you are saying.
말씀하시는 것을 잘 이해하지 못하겠습니다.

It does not make sense to me that…
…이라는 부분이 이해가 되지 않습니다.

상대방의 이해부족을 지적하기

You are missing the point.
핵심을 제대로 이해하지 못하는 것 같습니다.

I am afraid you have got it wrong.
잘못 이해하신 것 같습니다.

You are mistaken.
착각하고 계시는 것 같습니다.
잘못 알고 계시는 것 같습니다.

제6장

출장 영어

제공사항 확인하기

제안사항 확인하기

Will you provide transportation(room and board) during my visit?

방문기간 동안 교통편을(숙소와 식사를) 제공하시나요?

Will you provide airfare for my visit?

방문을 위한 항공권료를 제공하시나요?

항공 예약하기

I would like to reserve an economy(a business or first class) seat on a flight to Austin, Texas for March 8.
3월 8일에 미국 오스틴 텍사스로 떠나는 이코노미(비즈니스, 1등석) 좌석을 예약하고자 합니다.

I would like to book a flight to Austin, Texas for March 8?
3월 8일에 미국 오스틴 텍사스로 떠나는 항공편을 예약하고자 합니다.

I also would like to reserve a seat on a return flight departing after(before) 4 pm on March 10.
3월 10일, 오후 4시 이후(이전)에 떠나는 비행기로 돌아오고자 합니다.

예약사항 알리기

입국사항 알리기

I will arrive on March 8 at 7pm through United Airline flight # 756.

3월 8일, 저녁 7시에 유나이티드 항공 756편으로 도착(입국)할 예정입니다.

I will arrive at Bangkok from Incheon on March 8 at 7pm through United Airline flight # 756.

인천에서 가는 유나이티드 항공 756편으로 3월 8일, 저녁 7시에 방콕에 도착(입국)할 예정입니다.

출국사항 알리기

I will depart on March 10 at 10pm by Korean Airline.

3월 10일, 오후 10시에 대한항공으로 출국할 예정입니다.

I will depart to Incheon on March 10 at 10pm by United Airline flight # 757.

방콕에서 인천으로 가는 유나이티드 항공 757편으로 3월 10일, 오후 10시에 인천으로 출국할 예정입니다.

차편 물어보기

Will somebody be waiting for me at the airport?
누가 공항에서 저를 기다리고 있을 것인가요?

Will somebody greet me at the airport?
공항에서 누가 저를 맞이해 줄 것인가요?

Will somebody pick me up at the airport?
공항에서 누가 차편을 마련해 줄 것인가요?

Will you provide transportation to and from the airport?
공항을 오가는 교통편을 제공하실 것인가요?

숙소 예약하기

호텔 추천 받기

Can you recommend an inexpensive hotel nearby your office?

사무실에 가까우며 저렴한 호텔을 소개해 주실 수 있으신가요?

Can you recommend a moderate price hotel nearby your office?

사무실에 가까우며 가격이 보통인 호텔을 소개해 주실 수 있으신가요?

숙소 직접 예약하기

I would like to reserve a single(double) room for 2 nights and 3 days from March 8 to March 10.

3월 8일부터 10일까지 2박 3일로 머물 수 있는 싱글(더블)룸을 예약하고 싶습니다.

숙소 예약 부탁하기

Can you reserve a room for the period of March 8 to March 10 on my behalf?

저를 대신해서 3월 8일부터 3월 10일까지 방을 예약해 주실 수 있나요?

Can you reserve for me a single room for 2 nights and 3 days from March 8 to March 10?

저를 위해서 3월 8일부터 3월 10일까지 2박 3일로 싱글룸을 예약해 주실 수 있나요?

Can you make the hotel reservation on my behalf?

제 호텔 예약을 대신 해 주실 수 있겠습니까?

Can you reserve for me a room in a hotel located in the center of the city?

시내 중심에 있는 호텔 방을 예약해 주실 수 있나요?

거리에 대해 물어보기

공항과 호텔 간의 거리에 대해 묻기

How far is the hotel from the airport?
공항에서 호텔로 이동하는 거리가 얼마나 걸리나요?

How long is the drive from the airport to the hotel?
공항에서 호텔까지 차로 이동하는 시간은 얼마나 걸리나요?

호텔과 회의장소 간의 거리에 대해 묻기

How far is the office from the hotel?
호텔에서 사무실로 이동하는 거리가 얼마죠?

How long is the drive(walk) from the airport to the hotel?
호텔에서 사무실까지 차로 이동하는 시간은 얼마죠?
호텔에서 사무실까지 도보로 이동하는 시간이 얼마죠?

주의: 스포츠이벤트의 참가 위해 타 도시를 방문하는 선수의 경우, 회의장소(office)를 경기장(stadium 또는 venue)로 바꿔 질문할 수 있다.

제7장

사회자 영어

행사 시작 전

회의장의 자리 정리하기

Everyone, please take(또는 have) a seat.

모두 착석해 주시기 바랍니다.

앞자리 채우기

Those standing in the rear··· There are seats available in the front. Please come forward and be seated.

뒤에 서 계시는 분들··· 앞에 자리가 있습니다. 앞으로 오셔서 자리 채워 주시기 바랍니다.

시작시간이 지연될 때

The conference will start 15 minutes behind schedule.

회의를 15분 늦게 시작하도록 하겠습니다.

I would like to announce that the conference will start 15 minutes behind schedule.

회의를 15분 늦게 시작할 것을 공지합니다.

경청자의 양해를 구할 때

I ask the audience for their understanding

참석자들의 양해를 구합니다.

사회자 소개하기

자기소개 하기

It is my privilege to chair for this event.
It is my privilege to be the master of ceremony(MC) for this event.
이 행사의 사회를 맡게 되어서 영광입니다.

공동 사회자 소개하기

With me is Dr. Susan Kim from the Korea National Sport University.
저와 함께 한국체육대학교의 김수잔 교수님이 계십니다.

개회 선언하기

I declare open the…
…의 개회를 선언합니다.

It is with pleasure that I declare open the…
기쁜 마음으로 …의 개회를 선언합니다.

STEP 4

연설하실 분 소개하기

President Brown from Z Association will deliver the opening(welcoming, congratulatory) address.

Z 협회의 브라운 회장님의 개회사(환영사, 축사)가 있겠습니다.

STEP 5

기념 촬영 안내하기

At this moment, we will take a short time to take a commemorative photograph.

이 시간에 잠시 기념촬영이 있겠습니다.

다른 사람에게 사회 넘기기

* 1부의 개회식과 2부의 발표시간의 사회자가 다른 경우가 있음. 또한 발표시간과 질의응답 시간 또는 광고시간의 사회자가 다른 경우가 있음.

I would now like to turn the mike over to Mr. Song for the second session(question and answer session, important announcements).
2부 발표순서(질의응답 시간, 중요한 광고의 공지) 위해 미스터 송씨에게 마이크를 넘기겠습니다.

I would now like to give the floor to Mr. Song for the discussion session.
토론시간의 사회 위해 마이크를 미스터 송씨에게 넘기겠습니다.

순서 안내하기

순서 안내하기

We will have two presentations followed by a short coffee break and two other presentations.

두 개 발표 이어 짧은 휴식시간을 가진 후 2개의 발표가 더 있겠습니다.

We will have a total of four presentations with a short coffee break in between.

총 4개 발표가 있겠으며 중간에 짧은 휴식시간이 있겠습니다.

시간제한에 대해 언급하기

Each presentation shall be 15 minutes long and follow with a 5 minute question and answer session.

발표시간은 15분이며 발표는 5분간의 질의응답 시간으로 이어지겠습니다.

Each presentation will be limited to 15 minutes, and the question and answer session will be limited to 5 minutes.

발표시간은 15분, 그리고 질의응답 시간은 5분으로 제한되어 있습니다.

프로그램의 변경을 알리기

There is a slight change in the order of presentations.
발표순서에 변경사항이 있겠습니다.

Mr. Jones who was supposed to present first will present last.
첫 번째로 발표하기로 되어 있는 미스터 존스씨는 마지막에 발표하겠습니다.

Ms. Lee has changed order of presentation with Mr. Park.
미스 리양은 미스터 박씨와 발표 순서를 바꿨습니다.

Mr. Park will present first, followed by Ms. Lee. Mr. Kim, and Mr. Jones.
미스터 박씨가 먼저 발표하고 이어 미스 리양, 미스터 김씨, 그리고 미스터 존스씨가 발표하겠습니다.

발표자 소개하기

몇 명의 학자가 참가하였는지 언급하기

With us today are three very distinguished scholars.
Today we have with us three very distinguished scholar.
오늘 3명의 저명한 학자들이 이 자리에 함께 하였습니다.

We are pleased(honored) to have with us today three very distinguished scholar.
오늘 3명의 저명한 학자를 모시게 되어서 기쁩니다(영광입니다).

발표자 소개하기

It is my great pleasure to introduce our speakers.
오늘의 발표자들을 소개하게 되어서 기쁩니다.

Our first(next) speaker is Dr. Il-Kwang Kim from Seowon University.
첫 번째(다음) 발표자는 서원대학교의 김일광 박사입니다.

중요한 이력 소개하기

Just to mention few(some) of her important positions, he is…

몇 가지 중요한 이력을 말씀드리자면 그는…

발표주제 소개하기

He will speak to us on the subject of…

그는 …이라는 주제에 대해 발표하겠습니다.

따뜻한 환영을 부탁하기

Please join me in warmly welcoming Dr. Il-Kwang Kim.

다함께 김일광 박사를 따뜻하게 환영해 주시기 바랍니다.

Please give Dr. Il-Kwang Kim a big welcoming hand!

큰 박수로 김일광 교수님을 환영해 주시기 바랍니다.

불참 발표자 소개하기

불참한 발표자에 대해 언급하기

Unfortunately Dr. Chan from China could not attend this conference because he could not receive visa.
유감스럽게도 중국의 챈 박사님이 비자를 받지 못해서 참석하지 못하게 되었습니다.

Unfortunately Dr. Smith from USA could not attend this conference due to some unexpected business at work(home).
유감스럽게도 미국의 스미스 박사님이 직장(가정)의 예기치 않은 일 로 인해 참석하지 못하게 되었습니다.

불참한 발표자의 사과를 전하기

On his behalf, Dr. Herber wanted me to express his regret at not being able to come.
허버 박사는 자신의 불참에 대한 유감을 제가 대신 표해 줄 것 을 부탁하셨습니다.

Dr. Herber from the Netherlands sends his apology to all for not coming.

네덜란드의 허버 박사는 자신의 불참에 대해 사과의 말을 여러분에게 전하였습니다.

다른 사람을 대신해서 참석하는 사람을 소개할 때

We are honored to have in his place Mr. Charles, the advertising manager from X Corporation.

그를 대신해서 X 기업의 광고 매니저인 미스터 찰스씨가 참석하셨습니다.

발표에 대한 코멘트 하기

Thank you Dr. Hardy for sharing your innovative ideas on ______.
Thank you for sharing your innovative ideas on ______ Dr. Hardy.
박사님의 …에 대한 혁신적인 아이디어를 감사드립니다.

Thank you for your insightful analysis of ______.
박사님의 …에 대한 통찰력 있는 분석 감사드립니다.

Thank you for giving your prospects for the sport industry.
박사님의 스포츠산업에 관한 전망에 대해 감사드립니다.

제한시간 지키기

시간에 쫓기고 있음을 강조하기

We are pressed for time.
시간에 쫓기고 있습니다.

제한 발표시간 지킬 것을 부탁하기

I ask our speakers to please keep the time limit.
발표자에게 시간을 지켜 줄 것을 부탁드립니다.

질문을 짧게 할 것을 강조하기

Please make your question brief.
질문은 간략하게 하여 주시기 바랍니다.

휴식 시간 안내하기

휴식시간 안내 할 때

We will have a 10 minute break.

10분간 휴식시간을 갖겠습니다.

We will adjourn until after lunch and reconvene (reassemble) at 2:00pm.

점심 이후까지 휴식하고 2시에 다시 모이도록 하겠습니다.

회의 종료하기

종결을 암시하기

We have come to the end of our program.
프로그램의 모든 순서를 마쳤습니다.

Our time has run out.
시간이 다 되었습니다.

That concludes our business for today.
이것으로 오늘의 모든 순서가 끝났습니다.

중요 사항 전하기

Before we close this meeting, I have a very important announcement to make.
폐회하기 전에 중요한 사항을 공지하겠습니다.

I wish to call to your attention that…
…이라는 점에 대해 여러분의 주의를 환기시키고자 합니다.

폐회 선언하기

I hereby declare this conference closed.

이로써 폐회를 선언합니다.

제8장

발표자 영어

감사 표하기

소개에 대해 감사 표하기

Thank you, Mr. Kwon for your kind introduction.
미스터 권씨의 친절한 소개 감사드립니다.

초청에 대해 감사 표하기

I am privileged to be here.
이 자리에 서게 되어 영광입니다.

I am delighted(honored) to be here.
이 자리에 서게 되어 기쁩니다(영광입니다).

It is my great pleasure to be here in Seoul.
서울에 오게 되어서 매우 기쁩니다.

주최기관에 대해 감사 표하기

I thank the Organizing Committee for the warm hospitality they have extend to me.
조직위의 환대에 대해 감사드립니다.

I thank the members of KSIA for their warm hospitality.
KSIA의 환대에 대해 감사드립니다.

STEP 2

축하하기

I congratulate the members of KSIA for the success of this event.

KSIA 관계자에게 본 행사의 성공을 축하드립니다.

STEP 3

발표주제 소개하기

주제 소개하기

The topic I'd like to discuss today is…

오늘 제가 논하고자 하는 주제는 …입니다.

Today I'm going to talk about…

오늘 저는 …에 대해 이야기 하고자 합니다.

설명정도 말하기

Today I'm going to give you a general look at…
오늘 저는 …을 전반적으로 설명하고자 합니다.

Today I'm going to give you an overview of…
오늘 저는 …을 개관(개략)적으로 설명하고자 합니다.

I will glance over…
…에 대해서는 대충 훑어보겠습니다.

I will skim through…
…에 대해서는 대강 훑어보겠습니다.

I will say a few words about…
…에 대해서는 몇 마디만 하겠습니다.

I will touch upon…
…에 대해서는 가볍게 짚고 넘어가겠습니다.

I will brief you on…

…에 대해서는 브리핑 하겠습니다.

…에 대해서는 간단하게 설명하겠습니다.

I will elaborate on…

I will go in detail on…

…에 대해서는 상세하게 설명하겠습니다.

전개방법 소개하기

My presentation is divided into three parts.
My presentation is composed of three parts.
제 발표는 3부분으로 구성되었습니다.

At the beginning I will talk about…, then(next) I will talk about…
시작으로 …에 대해 이야기 하고, 그 다음 …에 대해 이야기 하고자 합니다.

At the end, I will talk about…
Lastly, I will talk about…
끝으로 …에 대해 이야기 하고자 합니다.

I will wrap up with a talk about…
…에 대한 이야기로 마무리 하겠습니다.

예를 들기

Let's take(consider) the case of…
Let's take(consider) the example of…
…의 예를 들어봅시다.

For example, …
예를 들어서, …

이유와 근거 제시하기

The reason for decline in sales is…
매출감소의 이유는 …입니다.

The reason why sales declined is…
매출이 감소한 이유는 …입니다.

There are several reasons for the decline in sales.
매출감소의 이유는 여러 가지입니다.

For one thing, … and for another…
한 가지 이유는 …이고 또 다른 이유는…

First is… second is… and third is…
첫 번째는 …이고 두 번째는 …이고 세 번째는 …입니다.

주제 전환하기

I would now like to turn to the problem(topic) of…

…의 문제(주제)로 지금 넘어갔으면 합니다.

Let's move on to the topic of…

…의 주제로 이동합시다.
…의 주제로 넘어갑시다.

Next I would like to focus on…

다음 …에 집중 하고자 합니다.

Now let's turn our attention to…

지금 …으로 주의를 돌립시다.

주제 이탈하기, 주제로 돌아가기

주제를 일부로 이탈하기

Let me digress for a moment.
잠시 주제에서 벗어나도록 하겠습니다.

비의도적으로 주제를 이탈하였음을 말하기

We seem to be digressing from the main subject.
주제에서 이탈하고(벗어나고) 있는 것 같습니다.

I'm afraid we're straying a little from the subject.
주제와 맞지 않는 이야기를 하는 것 같습니다.

이탈한 주제로 돌아가기

I'd like to go back to the subject of…
…의 주제로 돌아갔으면 합니다.

시간제약으로 인해 발표내용 축소하기

설명 축소하기

Since we are pressed for time, I will not discuss(go over) this slide in detail.
시간이 없는 관계로 이 슬라이드에 대해서 자세하게 설명하지 않겠습니다.

I'm afraid I don't have time to go over this in detail.
이에 대해 자세하게 설명할 시간이 없을 것 같습니다.

설명 생략하기

Since we are pressed for time, I'll skip the next two slides.
시간이 없는 관계로, 다음 두 개의 슬라이드는 그냥 넘어가겠습니다.

I'm afraid I don't have time to go over this.
이 슬라이드에 대해 설명할 시간이 없을 것 같습니다.

발표 종료하기

In closing, I would like to say…
끝으로 …라고 말하고 싶습니다.

I would like to conclude my presentation by saying that…
…이라는 말과 함께 제 발표를 마치겠습니다.

To wrap up my presentation, I would like to say that…
제 발표를 마무리하기에 앞서 …라고 말하고 싶습니다.

제9장

그래프 설명 영어

STEP 1

그래프로 안내하기

Please take a look at this pie chart(bar chart/graph, line graph).

이 원형 차트(막대 차트, 선 그래프)를 보십시오.

Please take a look at this table(figure).

이 표(그림)를 보십시오.

STEP 2

그래프가 무엇을 나타내는지 설명하기

This line graph shows(depicts)…

이 선 그래프는 …을 나타내고 있습니다.

해당 기간을 말하기

This line graph shows(depicts)··· for 2015.

이 선 그래프는 2015년의 ···를 나타내고 있습니다.

This line graph shows(depicts)··· for the last 10 years.

이 선 그래프는 지난 10년 동안의 ···를 나타내고 있습니다.

This line graph shows(depicts)··· for the period from 1980 to 2015.

이 선 그래프는 1980부터 2015년까지의 ···를 나타내고 있습니다.

STEP 4

약자 설명하기

'P1' stands for product 1, and 'P2' stands for product 2.
'P1'은 제품 1, 그리고 'P2'는 제품 2를 의미합니다.

STEP 5

그래프를 설명하기

As you can see from this graph…
이 그래프에서 볼 수 있듯이…
보시다시피 이 그래프로부터…

어느 부분으로 주의 유도하기

Can I draw your attention to this part of the graph?
이 부분으로 주의를 기울여 주실 수 있을까요?

Please note that…
…에 주목하여 주시기 바랍니다.

증가(감소)한 일시적인 현상을 말하기

Sales increased(rose) slightly in 2000.
매출은 2000년에 약간 증가하였습니다.

Sales decreased(declined) slightly in 2000.
매출은 2000년에 약간 증가(감소)하였습니다.

Sales increased(decreased) substantially in 2000.
매출은 2000년에 상당히 많이 증가(감소)하였습니다.

Sales increased(decreased) remarkedly in 2000.
매출은 2000년에 두드러지게 증가(감소)하였습니다.

지속적으로 증가(감소)하는 현상을 말하기

Overall, sales has increased over the years.
전반적으로 매출은 지난 몇 해 동안 증가하였습니다.

Sales increased(decreased) gradually from 2000.
매출은 2000년부터 점차적으로 증가(감소)하였습니다.

Sales increased(decreased) constantly from 2000.
매출은 2000년부터 지속적으로 증가(감소)하였습니다.

STEP 9

최고점에 달한 점을 설명하기

Sales reached a peak at 50 million USD in 2010.
매출은 2010년에 5천만 달러로 최고 수준에 달했습니다.

Sales hit a record high of 50 million USD in 2010.
매출은 2010년에 5천만 달러라는 최고 기록을 올렸습니다.

STEP 10

안정상태를 말하기

Sales leveled off at 40 million dollars.
매출은 4천만 달러 수준에서 안정성을 찾았다.

변동이 있는 현상을 말하기

Sales has been unstable(fluctuating) this year.

매출은 올해 변동이 있었습니다.

매출은 올해 불안전했습니다.

제10장

질의응답 영어

질의응답 진행자 영어

질문 요청하기

At this time, I would like to open the floor for questions.
At this time, I would like to turn to the audience for questions.
At this time, I would like to invite questions from the floor now.
지금 이 시간에 질문을 받도록 하겠습니다.

질문하는 사람에게 자신을 소개하도록 하기

Please identify your name and institution.
이름과 소속 밝혀 주시기 바랍니다.

질문하고자 하는 발표자를 밝히도록 하기

Before you ask your question…
질문하기 전에…

Please identify the speaker to whom you want to direct your question.

Please identify the speaker to whom you want to address your question.
Please identify the speaker you want to question.
질문하고자 하는 발표자를 밝혀주시기 바랍니다.

각자 1개 질문만 하도록 하기

Please limit yourself to only one question.
질문은 각자 한 개로 제한 해 주시길 바랍니다.

질문자 영어

질문 대상 말하기

I would like to pose a question to Dr. Kim.
김박사에게 질문하고 싶습니다.

I would like to direct my question to Dr. Kim.
김박사에게 질문하고 싶습니다.

My question is directed to Mr. Kim.
제 질문은 김박사를 위한 것입니다.

답변자 영어

제대로 듣지 못하였음을 알리기

I beg your pardon. Can you repeat the question?
실례지만, 질문을 다시 해 주시겠습니까?

I'm sorry. Can you repeat the question?
죄송합니다. 질문을 다시 해 주시겠습니까?

제대로 들을 수 없음을 알리기

I'm sorry. Can you speak up a little?
죄송합니다. 좀 더 크게 말씀 해 줄 수 있겠습니까?

질문을 이해하지 못했을 때

I'm sorry, I'm not quite clear what you are asking.
죄송합니다. 질문의 뜻을 명확하게 알아듣지 못했습니다.

I'm sorry, I don't understand your question.
죄송합니다. 질문을 제대로 이해하지 못했습니다.

답변하기

The answer to your question is…
질문의 답변은…

In answer to your question, I would have to say…
질문에 대한 답변으로 …이라고 말해야겠습니다.

답변이 곤란함을 알리기

I'm afraid I am not in a position to comment on that.
죄송합니다. 그 점에 대해 답변 드릴 입장이 아닙니다.

I'm afraid I cannot answer that question
죄송합니다. 그 질문에 답변해 드릴 수 없습니다.

더 이상 이야기할 수 없음을 알리기

That's all I can say at the present.
이것이 현재 제가 말씀 들릴 수 있는 전부입니다.

I am sorry. I have no more to say about it.
죄송합니다. 더 이상 말씀 드릴 것이 없습니다.

제11장

이메일 영어

부재 중 자동응답 보내기

I received your email, but I am out on a business trip from March 10 through 15. I will get back to you ASAP.
당신의 메일을 받았으나 3월 10일부터 15일까지 비즈니스 출장 때문에 제가 최대한 빨리 답장을 보내겠습니다.

I received your email, but I am away from the office on vacation until March 15. I will get back to you ASAP.
당신의 메일을 받았으나 3월 10일부터 15일까지 비즈니스 출장 때문에 제가 최대한 빨리 답장을 보내겠습니다.

첨부파일 보내기

첨부파일에 대해 설명하기

Attached is a file of…

…파일을 첨부합니다.

Attached is a compressed file of…

…을 압축된 파일을 첨부합니다.

보내는 목적을 알리기

I am sending it…

- for your approval.
  승인 받기 위해 보내 드립니다.

- for your suggestion.
  조언을 구하기 위해 보내 드립니다.

- for your reference.
  참조하시라고 보내드립니다.

실수로 파일을 첨부하지 못하였음을 알리기

I mistakenly sent my previous email without attaching the file. Please see the file attached to this email.

일전에 보내드린 이메일에는 파일을 첨부하지 못하였습니다. 이메일에는 파일을 첨부 했으니 참조 바랍니다.

나중에 별도로 보내겠다는 표현

I will send the file in a separate email tomorrow.

내일 별도로 파일을 보내드리겠습니다.

I will send the file in a separate email at a later date.

나중에 별도로 파일을 보내드리겠습니다.

발신 대상 기입하기

▌상대방의 성별을 알 수 없을 때

Dear Mr. Kim: (상대가 남성)

Dear Ms. Kim: (기혼 미혼 둘 다 가능)

▌이름만으로 성별을 알 수 없을 때

Dear Greer Johnson:

Dear G. Johnson:

▌직책과 성 밖에 모를 때

Dear General Manager Johnson:

▌누구인지 모를 때

To whom it may concern:

서두에 감사 전하기

신속한 응답에 대해 감사하기

Thank you for your prompt reply to my email of March 8 regarding…

…에 대하여 3월 8일에 보낸 이메일을 신속하게 응답해 주셔서 감사합니다.

이메일 통한 문의나 주문에 대해 감사하기

Thank you for your email of March 8 regarding…

…에 대해 보낸 3월 8일 이메일을 감사드립니다.

Thank you for your inquiry(order) of…

…에 대한 문의(주문) 감사드립니다.

서두에 사과 전하기

늦은 응답에 대해 사과하기

My apologies to you for not responding promptly(in a more timely fashion).
신속히 응답 드리지 못해서 죄송합니다.

I am sorry that I could not respond to your email immediately(right away).
바로 응답 드리지 못해서 죄송합니다.

Please accept my apologies for not getting in touch with you sooner.
더 빨리 연락드리지 못한 것에 대해 사과드립니다.

기타 문제에 대해 사과하기

We are sorry for not taking care of the problem in a more timely way.
문제를 신속하게 해결해 드리지 못해서 죄송합니다.

Please accept our apologies for the delay in delivery.
배달이 지연된 것에 대해 사과드립니다.

We are sorry to have overlooked your email of July 11.

7월 11일자의 이메일을 보지 못한 것에 대해 사과드립니다.

We apologize for the mix-up.

혼동과 관련하여 사과드립니다.

We apologize for failing to…

…을 하지 못한 점에 대해 사과드립니다.

We are sorry to have inconvenienced you by…

…으로 불편을 끼쳐서 죄송합니다.

STEP 6

알리기

일반 사항 알리기

This is to announce that…

…을 고지합니다.

We are happy(pleased) to inform you that…

…을 알립니다.

I would like to inform you that…

…을 알리고자 합니다.

유효기간을 표현하기

The new registration system will be effective as of today(March 1).

새로운 등록제도는 오늘(3월 1일)부터 적용됩니다.

알아보기

특정 사항에 대해 알아보기

I am writing to inquire about your new exercise program.
신규 운동프로그램에 대해 질문하기 위해 이메일 보냅니다.

오해가 없는지 확인하기

If I recall correctly, your company said…
제가 올바르게 기억한다면, 귀사는 …라고 주장하였습니다.

As I recall from our last conversation, you said…
우리의 마지막 대화에서 기억하길 당신은 …라고 주장하였습니다.

It is my understanding that…
저는 …라고 알고 있습니다.

Am I correct in assuming that…
…이라고 생각하면 될까요?

I just want to make sure that…
…이라는 것을 확인하고 싶습니다.

요청하기

일반 요청을 하기

I am writing to request that you…
…해 줄 것을 요청합니다.

문제 조사 및 해결 요청하기

I am writing to request that you resolve the following problem.
다음 문제의 해결을 요청하기 위해 이메일 보냅니다.

I would greatly appreciate your looking into the matter.
문제를 조사해 주시면 감사하겠습니다.

빠른 행동(응답)을 요청하기

Please let me know as soon as possible.
가급적으로 빨리 알려 주시기 바랍니다.

Please let me know what you decide (find out) as soon as possible.
가급적으로 빨리 결정(알아낸 사항)을 알려 주시기 바랍니다.

Please act at your earliest convenience.
형편이 닿는 대로 빨리 조치하여 주시기 바랍니다.

Please act promptly.
신속히 조치 해주시기 바랍니다.

지속적인 정보의 제공을 요청하기

Please keep us informed.
중요한 사항에 대해 계속 알려 주세요.

Please keep us informed of…
Please let us know of…
…에 대해 꼭 알려주세요.

STEP 9

초대하기

I cordially invite you to honor us with your presence at the 2015 International Sport Industry Forum.

2015 국제 스포츠산업포럼에 귀하를 초대합니다.

I am writing to request your honorable presence at the 2015 International Sport Industry Forum to be held on February 27 in Seoul.

2월 27일 서울에서 개최할 2015 국제 스포츠산업포럼에 자리 빛내 주시길 부탁드립니다.

적극적인 협조 표현하기

바로 처리하겠다고 말하기

I will get on it right away.
바로 처리하겠습니다.

We will take immediate action.
즉각적으로 조치하겠습니다.

곧 연락하겠다고 말하기

I will get in touch with you soon.
곧 연락드리겠습니다.

I will get back with you ASAP.
가급적으로 빨리 연락드리겠습니다.

상대방의 필요에 관심 보이기

If you need anything, please do not hesitate to call.
If you need anything, please let us know.
필요한 것이 있으면, 연락 주세요.

Please feel free to let me know if you have any questions.
질문이 있으시면 언제든지 물어보세요.

Please feel free to let me know if you need any help.
도움이 필요하시면 언제든지 말씀하세요.

마무리 감사, 인사하기

감사 표현하기

Thank you for your understanding.
이해해 주셔서 감사합니다.

Thank you for your cooperation.
협조해 주셔서 감사합니다.

마무리 인사하기

I look forward to seeing you.
만나 뵐 것을 기대합니다.

I wish you good fortune(health).
행운(건강)을 기원합니다.

맺음말 기입하기

Sincerely yours,
Cordially yours,
진심으로

Respectfully yours,
공손하게

약자

일반 표현

ASAP (as soon as possible)

FYI (for your information)

PLS (please)

PS (postscript)

WRT (with regards to)

RSVP (respond very promptly)

미국 시간의 표현

EST (Eastern Standard Time) 동부 표준시간

CST (Central Standard Time) 중부 표준시간

Local time

6 pm, our time

6 pm, your time

과거 이메일에 대해 언급하기

이메일 발송 사례 언급하기

This is a follow-up to my email of August 11, 2010.
일전의 8월 11일자로 보낸 이메일의 후속 이메일입니다.

This is a follow-up to an email I sent earlier on August 11 regarding…
일전의 8월 11일자로 …에 대해 보낸 이메일의 후속 이메일입니다.

발송 이메일 내용 상기시키기

As I wrote in my previous email of August 11, 2010…
일전의 2010년 11월 15일자 이메일에 쓴 것처럼…

In my previous email, I wrote that…
직전의 이메일에 …라고 하였습니다.

이메일의 수신을 확인시켜주기

I have received your inquiry of our new exercise program on July 10.

일전의 7월 10자로 신규 운동프로그램에 대해 질문하는 이메일을 받았습니다.

I am writing in reply to your email of July 10.

This is a reply to your email of inquiry dated July 10.

일전의 7월 10일자로 보낸 이메일에 답변 드리기 위해 이메일 보냅니다.

답변할 다른 사람 소개하기

다른 사람을 소개하는 이유를 말하기

I am not in a position to answer your question.
귀하의 질문을 답변 해 드릴 수 있는 입장이 아닙니다.

다른 사람의 적합성 강조하기

Mr. Brown in the publicity department is more qualified than I am to answer your question.
홍보부의 미스터 브라운씨는 저보다 귀하의 질문을 응답할 수 있는 입장에 서 있습니다.

이메일의 전달을 알리기

I will forward you email to Mr. Brown.
미스터 브라운씨에게 귀하의 이메일을 전달하겠습니다.

제3자의 메시지 전달에 대해 설명하기

This is an email from Ms. Grace asking about…
이것은 미스 그레이스양이 …에 대해 질문하는 이메일입니다.

I am forwarding her letter to you because you are better qualified to answer her question.

당신은 그녀의 질문을 더 잘 응답할 수 있는 입장이기 때문에 그녀의 이메일을 당신에게 전달합니다.

제12장

길 안내 영어

STEP 1

찾아가는 길을 묻기

Can you tell me how I can get there from Goduk Station?
고덕역에서 가는 길을 알려 주실 수 있나요?

STEP 2

이용할 교통수단을 묻기

Will you be taking the subway (bus)?
지하철(버스)을 이용하실 건가요?

What kind of transportation will you be taking?
어느 교통수단을 이용하실 거죠?

지하철로 길 안내하기

Get on(Take the) number 5 line at Goduk Station.
고덕역에서 5호선을 타세요.

Transfer to the Green line(number 2 line) at Cheonho Station.
천호역에서 2호선으로 환승하세요.

Get off at Jamsil Station.
잠실역에서 내리세요.

Take the number 3 exit.
3번 출구를 이용하세요.

버스로 안내하기

Get on bus #### at … Station.
…역에서 ####번 버스를 타세요.

Get off at … Station.
…역에서 내리세요.

Change to bus ### at … Station.
…역에서 ###번 버스로 갈아타세요.

도착 지하철(버스) 역에서 길 안내하기

So straight.

직진 하세요.

Walk in the direction of Jamsil Hotel.

잠실호텔 방향으로 가세요.

Cross the first intersection.

첫 번째 교차로를 건너세요.

Walk about 20 meters.

20미터 정도 걸으세요.

Turn left on the street right before Baskin Robins.

베스킨 라빈스 앞의 길에서 좌회전 하세요.

Walk another 20 meters.

20미터 더 걸으세요.

Turn right at the 2nd street.

두 번째 길거리에서 우회전 하세요.

Keep going straight.
계속 직진 하세요.

You will see Paris Baguette on your left.
왼쪽에 파리바게트가 보일 것 입니다.

Our office is located in the same building as Paris Baguette.
우리는 파리바게트 건물에 있습니다.

You will be able to see our office next to (across from) Paris Baguette.
파리바게트 옆에(건너편에) 저희 사무실을 볼 수 있을 것입니다.

제13장

회사 소개 영어

STEP 1

회사명

Company(organization) is known as…

회사(조직)는 …입니다.

STEP 2

설립연도

Company was founded in…

Company was established in…

회사는 …에 설립되었습니다.

설립목적

Company was founded with the purpose of providing what kind of products(services) to whom.

회사는 누구에게 무슨 유형의 제품(서비스)을 제공하는 목적으로 설립되었습니다.

Company was founded with the purpose of meeting the market demand for what kind of products(services)

회사는 무슨 유형의 제품(서비스)에 대한 시장의 요구에 부응하기 위한 목적으로 설립되었습니다.

소재 지역

Our company is based in…
Our company is located in…
우리 회사는 …에 위치하고 있습니다.

Our company's headquarter is in…
본사는 …에 위치하고 있습니다.

STEP 5

회사 크기

We are a small(medium size, large) company.
우리는 규모가 작은(보통인, 큰) 회사입니다.

We have approximately 2,000 employees.
우리는 약 2,000명의 직원을 고용하고 있습니다.

The company generate annual sales of 5 billion dollars.
연간 매출은 5억원입니다.

회사랭킹

We are the top 3 company in our field(industry).
우리 분야(산업)에서 3번째로 큰 회사입니다.

Our company ranks 3rd in our field(industry).
우리 분야(산업)에서 3번째로 큰 회사입니다.

시장규모

Currently, we do business in more than 10 countries.
현재, 10개 이상의 국가에서 비즈니스를 하고 있습니다.

We have overseas branches in 10 countries.
10개 국가에 해외지점이 있습니다.

We do business globally.
글로벌하게 비즈니스 하고 있습니다.

We are a global company.
우리는 글로벌 기업입니다.

회사 성장

Company has steadily grown over years.
Company has experienced steady growth over the years.
회사는 그동안 꾸준히 성장하였습니다.

Sales have rapidly grown over the last 5 years.
지난 5년 동안 매출이 급속히 증가하였습니다.

Company has expanded business over the last 5 years.
회사는 지난 5년 동안 사업을 확장하였습니다.

(이전에 임바디 제품만 제공하였을 경우) Company has expanded business to manufacturing exercise equipments and health foods.
회사는 운동기구와 건강식품의 생산으로 사업을 확장하였습니다.

(이전에 성인을 표적하였을 경우) Company has expanded its market to include children and the elderly.
회사는 어린이와 노인으로 시장을 확대하였습니다.

Company has geographically expanded its market.
회사는 지리적으로 시장을 확대하였습니다.

(이전에 유럽만 표적하였을 경우) Company has expanded its business(market) to Asia and North America.
회사는 사업(시장)을 아시아와 북미로 확대하였습니다.

주요 사업내용

Company specializes in event management.
회사는 이벤트경영을 전문으로 하고 있습니다.

Company specializes in manufacturing imbody products.
회사는 인 바디 제품의 생산을 전문으로 하고 있습니다.

Company provides(offers) event planning, promotion, and operation services.
회사는 이벤트 기획, 홍보 및 진행 서비스를 제공합니다.

STEP 10

비전, 경영이념

The company is committed to the vision(mission, management principle) of…

회사는 …의 비전(미션, 경영이념)에 전념하고 있습니다.

목표

The company aims to…

회사는 …를 목표로 합니다.

The company pursues to…

회사는 …를 추구합니다.

The company endeavors to…

회사는 …를 위해 노력합니다.

The company is committed to…

회사는 …에 전념합니다.

회사비교

Compared(relative) to our competitors, our company is relatively strong in…

경쟁자와 비교하면, 우리 회사는 …에 상대적으로 강합니다.

Compared(relative) to our competitors, our company has relative strength in…

경쟁자와 비교하면, 우리 회사는 …에 상대적인 강점을 가지고 있습니다.

미래 전망

Our future challenge is to…
미래 과제는 …하는 것입니다.

In the future, we endeavor(hope) to expand our business (market) to…
미래에는 우리의 사업(시장)을 …로 확장하고자 합니다.

In the future, we hope to enter the …market.
미래에는, …시장에 새로 진출하기를 바라고 있습니다.

In the future, we hope to come up with a new innovative product.
미래에는 새로운 혁신적인 제품을 개발하기를 희망하고 있습니다.

홈페이지 안내

For more information, visit our website at…

본사의 웹사이트를 …주소에서 방문하여 주십시오.

제14장

심부름 영어

STEP 1

심부름 부탁하기

Can you run an errand for me?
심부름 좀 부탁해도 될까요?

Can you do me a favor?
뭐 하나 부탁해도 될까요?

STEP 2

복사 부탁하기

Please send me a copy of the minute.
회의록을 복사해 주세요.

Please make me three copies of this document.
이 서류 3부를 복사해 주세요.

STEP 3

물품 부탁하기

Can you get me a cup of coffee?
커피 한잔 가져다주시겠어요?

STEP 4

물품 전달 부탁하기

Can you drop this off at the planning office?
Would you be kind as to drop this office at the planning office?
기획부에 이것을 전해 주실 수 있으신가요?

Please hand this to Mr. Smith in the promotion office.
이것을 홍보부의 미스터 스미스씨에게 전해 주세요.

어디 들릴 것을 부탁하기

Can you ____ on your way to ____?

예) Can you drop by the post office on your way to meet your client?

고객 만나러 가는 길에 우체국에 들러 줄 수 있으실까요?

제15장

협상 영어

STEP 1

상대방의 관심 떠보기

I heard that you're interested in doing business with out company, am I right?

우리 회사와 같이 일할 관심이 있다고 들었습니다. 맞으신가요?

STEP 2

협상의 배경 설명하기

We're looking for a company that can…

우리는 …할 수 있는 회사를 찾고 있습니다.

STEP 3

적극적 태도 보이기

We are willing to negotiate terms.
우리는 조건을 협상할 의사가 있습니다.

We are ready(prepared) to negotiate terms.
우리는 조건을 협상할 준비가 되어 있습니다.

STEP 4

협상할 내용에 대해 언급하기

First, we have several issues to talk about.
우선 논의 할 이슈가 몇 가지 있습니다.

STEP 5

협의 희망 밝히기

I hope we can reach an agreement.
I hope we can come to an agreement.
합의에 이를 수 있길 기대합니다.

STEP 6

검토 사항 확인하기

We have closely examined all the documents you presented.
귀사가 제공한 서류들을 세밀하게 검토하였습니다.

We have closely examined all the conditions you proposed.
귀사가 제공한 조건들을 면밀히 검토하였습니다.

STEP 7

보여지는 것에 대해 전달하기

It seems that…
…으로 보여지더군요.

STEP 8

상대방의 방안에 대해 질문하기

Do you have a win-win solution(proposition) in mind?
양측에게 유리한 해결방안(제안)으로 생각하는 것이 있으신가요?

Do you have any ideas on how we can reach(come to) an agreement?
저희가 합의에 이를 수 있는 방안이 있으신가요?

필요한 것 말하기

What we require(need) is…

우리가 필요한 것은 …입니다.

What we want is…

우리가 원하는 것은 …입니다.

원하는 것을 얻어내기 위해 일정한 조건을 대가로 제시

In return, we will offer(provide) _____ as long as…
귀사가 …하는 한 _____을 대가로 제공하겠습니다.

In return, we will offer(provide) _____ on the condition that…
…을 조건부로 _____을 대가로 제공하겠습니다.

In return, we will offer(provide) _____ provided that…
…을 전제로 _____을 대가로 제공하겠습니다.

상대방의 터무니없는 요구에 항의하기

Do you think the condition is rational(reasonable)?
조건이 합당하다고 생각하시나요?

Do you think the condition is fair?
조건이 공정하다고 생각하시나요?

Do you think the condition is suitable(proper)?
Do you think the term is suitable(proper)?
조건이 적당(적절)하다고 생각하시나요?

STEP 12

이견 제시하기

We have a different view(opinion).

우리의 생각(의견)은 다릅니다.

STEP 13

기대심 나타내기

We expected that you will…

우리는 귀사가 …하길 기대하였습니다.

상대방의 기대 사항 묻기

What do you want to get from us?
얻고자 하는 것이 무엇인가요?

What do you expect from us?
우리에게 기대하는 것이 무엇인가요?

STEP 15

불가능한 일에 대해 말하기

It is impossible for us to…

…하는 것은 불가능합니다.

STEP 16

양해 구하기

I hope you will understand that…

…라는 점을 이해하셨으면 합니다.

STEP 17

회사의 방침 내세우기

It is our company custom to…
It is our business practice to…
…하는 것이 우리 비즈니스 관행입니다.

Under the company's policy, we must(have to)…
회사방침 상 아래에 우리는 …만 해 드릴 수 있습니다.

Under the company's policy, we cannot…
회사방침 상 우리는 …할 수 없습니다.

의도 드러내기

We will not offer _____ unless you…

…을 하지 않는 한 우리는 _____ 을 제공하지 않겠습니다.

We intend to…

우리는 …할 의도가 있습니다.

권한이 없음을 밝히기

I can't promise anything except that…
저는 …이외 아무것도 약속드릴 수 없습니다.

I'm not in a position to make that kind of offer(promise).
저는 그러한 제안(약속)을 할 수 있는 입장이 아닙니다.

I don't have the authority(power) to make that decision.
저에게 그 결정을 내릴 수 있는 권한이 없습니다.

STEP 20

상대방의 고려여부에 대해 질문하기

Have you considered…?

…을 고려해 보셨나요?

STEP 21

협상 범위의 이탈 차단하기

You are getting off the point.

요점에서 벗어나고 있습니다.

That is not relevant to our discussion.

그것은 논의할 내용이 아닙니다.

STEP 22

협상의 범위 한정하기

Let's confine today's negotiation to…

오늘의 협상을 …으로 한정합시다.

상대방의 생각 물어보기

What if we…?
만약 우리가 …한다면?

How about if we…?
우리가 …한다면 어떠할까요?

Will you consent to… if we _____ ?
만약 우리가 _____ 귀사가 …을 하시나요?

STEP 24

명확성 또는 구체성 요구하기

Can you be a little bit more specific?
좀 더 구체적으로 말해주실 수 있으신가요?

What do you mean by…?
…한다는 것은 무슨 뜻이죠?

STEP 25

권유하기

Why don't you…?
귀사가 …하는 것이 어떠한 가요?

거절하기

I'm afraid I can't accept your offer(condition, term).
제안(조건)을 수락할 수 없습니다.

I'm sorry. I can't accept the offer(condition, term).
죄송합니다. 제안(조건)을 수락할 수 없습니다.

실망감 나타내기

We are upset with…
(무엇 또는 누가 무엇을 하는 것)에 대한 심기가 불편합니다.

We are frustrated with…
(무엇 또는 누가 무엇을 하는 것)에 대한 좌절감이 큽니다.

We are discouraged by…
(무엇 또는 누가 무엇을 하는 것)에 대한 좌절감이 큽니다.

We are disappointed that…
(누가 무엇을 하는 것)에 대한 실망감이 큽니다.

We are disappointed with…
(누구 또는 무엇)에 대한 실망감이 큽니다.

불가피한 일에 대해 해명하기

In that case, we are forced to…

그 경우 우리는 …할 수밖에 없겠습니다.

In that case, we have no choice but to…

그 경우, 우리는 …하는 것 외에 선택의 여지가 없습니다.

가능성 타진하기

Is there any chance(possibility) of…

…의 가능성은 없나요?

Do you think it possible to…

…하는 것이 가능할까요?

STEP 30

상대방의 만족도 타진하기

Would it be okay(satisfactory) with you if we…?
Would you be satisfied if we…?
만약 우리가 …한다면 만족하시나요?

Would you be willing to consent to the term if we…?
만약 우리가 …한다면 조건을 수락하여 주실 수 있으신가요?

STEP 31

반복하여 강조하기

As I have mentioned before, …
As I have said earlier…
전에 말씀드린 바와 같이…

STEP 32

최종안 제시하기

Our final offer is…

우리의 최종 제안은 …입니다.

Take it or leave it.

수락하든지 거절하든지 마음대로 하십시오.

STEP 33

압박하기

If you refuse, we'll take our business elsewhere.

거절하시면, 다른 곳과 거래하겠습니다.

STEP 34

타협 거부하기

There is no room for compromise.
The matter is non-negotiable.
교섭의 여지가 없습니다.

STEP 35

제안 수락하기

We will accept the offer.
제안을 받아들이겠습니다.

STEP 36

조건부로 수락하기

We'll accept on the condition that…

(누가 무엇을 하는) 조건이라면 수락하겠습니다.

STEP 37

보장 방법 요구하기

How will you guarantee the quality?

품질은 어떻게 보장해 주실 수 있으신가요?

합의에 대한 감사 표시하기

I'm glad that we were able to reach an agreement (on···).
(···에 대해) 합의할 수 있어서 기쁩니다.

합의 내용 확인하기

Let's go over what we have agreed on.
합의사항을 한번 정리합시다.

Let's check(confirm) on what we have agreed on.
합의사항을 확인해 봅시다.

Let's examine what we have agreed on.
합의사항을 한번 살펴봅시다.

제16장

제품 판매/구매 영어

제품 탐색하기

Can(May) I help you?
무엇 도와드릴까요?

No. Thank you. I'm(We're) just looking around.
아니요 괜찮습니다. 그냥 둘러보고 있는 중입니다.

Please let me know when you need any help.
필요한 것이 있으면 말씀해주세요.

Yes. I(We) will.
네. 그러겠습니다.

제품 안내 부탁하기

Can you help me?
저 좀 도와주실 수 있으신가요?

I am interested in buying…
…을 구매하고 싶습니다.

Can you tell me where I can find…?
…을 어디서 찾을 수 있는지 알 수 있을까요?

Follow me.
따라오십시오.

제품에 대해 문의하기

I have a question(few questions) to ask.
(몇 가지) 질문이 있습니다.

소비자 선호도에 대해 알기

Which model(brand) is popular with the consumers?
이 중 어느 모델(브랜드)이 소비자에게 인기가 많지요?

Which is the better selling model(brand)?
이 중 어느 모델(브랜드)이 더 잘 팔리죠?

Which is the best selling model(brand)?
이 중 어느 모델(브랜드)이 가장 잘 팔리죠?

제품의 상대적 장점에 대해 알기

Which is better in quality(durability, comfort)?
어느 것이 품질(내구성, 편리성)이 뛰어나죠?

Which has higher quality(greater durability, greater comfort)?
어느 것이 품질(내구성, 편리성)이 더 뛰어나죠?

This model is better in comfort.
This model has greater comfort.
이 모델이 편리성이 더 뛰어나요.

제품 추천받기

Can you recommend a product(model)?
제품(모델) 추천해 줄 수 있나요?

That depends on what you want(need).
고객님이 원하는(필요로 하는) 것이 무엇인지에 달려 있습니다.

What kind of product do you have in mind?
어떤 제품을 생각하고 계시죠?

If you want …, then I recommend this product.
만약 …을 원한다면, 이 제품을 추천해 드립니다.

I will take this.
이것으로 하겠습니다.

재고 확인하기

Let me check if we have any in stock.
재고가 있는지 확인해보겠습니다.

I'm sorry. We are currently out of stock.
죄송합니다. 물량이 다 떨어졌습니다.

I'm sorry. We don't have the model in stock.
죄송합니다. 재고가 없습니다.

제품 주문하기

Would you like to place an order?
주문하시나요?

We will have the product within 2 days.
이틀 이내 제품을 확보할 수 있습니다.

Would you like have it delivered?
배달하시나요?

No. I will come pick it up in person.
아니요. 직접 와서 받아 가겠습니다.

제품 구매하기

I would like to purchase this product.
이 제품을 구매하고 싶습니다.

How much is it?
얼마이죠?

How do you want to pay for it?
어떻게 지불하시겠습니까?

By cash (check, credit card).
현금으로(수표로, 신용카드로).

Do you want the receipt?
영수증이 필요한가요?

제품 교환(반품)하기

I would like to return this item.
이 반품하고자 합니다.

I would like to exchange this product for the same model.
이 제품을 같은 모델로 교환하고 싶습니다.

I would like to exchange this product for a different model.
이 제품을 다른 모델로 교환하고 싶습니다.

Is something wrong with the product?
Is anything wrong with the product?
제품에 문제가 있나요?

The product does not work properly.
제품이 제대로 작동하지 않아요.

The product has a defect.

제품에 결함이 있어요.

Can I have your receipt?

영수증 볼 수 있을까요?

제17장

상담 영어

STEP 1

인사하기

Hello. How may I help you?

안녕하세요. 어떻게 도와드릴까요?

방문 목적 말하기

I want to sign up for membership.
회원등록 하고 싶습니다.

I would like to join a(this) club.
(이) 클럽에 가입하고 싶습니다.

I am interested in working out at a fitness club.
피트니스 클럽에서 운동할 관심이 있습니다.

I am interested in learning how to swim (play badminton).
수영(배드민턴) 배울 관심이 있습니다.

I am interested in losing weight.
체중감량에 관심이 있습니다.

I am interested in slimming down.
살 빼고 싶습니다.

I am interested in getting into shape.
몸매를 만들고 싶습니다.

I am interested in getting fit.
체력 향상에 관심이 있습니다.

STEP 3

환영하기

You came to the right place.
잘 찾아오셨습니다.

STEP 4

장소 알게 된 계기 질문하기

May I ask how you came to know this place?
여긴 어떻게 알고 오셨어요?

알게 된 방법 말하기

I saw your ad in the newspaper.
신문 광고를 보았습니다.

I saw your poster(flank card) on a street.
거리에서 포스터(현수막) 보았습니다.

I just saw this place as I was walking(driving, passing) by.
운전하면서(걸어가면서) 지나가는 길에 보았습니다.

This club is close to my home.
여기가 집에서 가장 가까워요.

Someone recommended this club(place).
아는 사람이 추천해줬습니다.

추천자에 대해 질문하기

Is the person a member of this club?
그 분이 우리 클럽의 회원이신가요?

(만약 회원이라면) May I ask who the person is?
그 분이 누구인지 알 수 있을까요?

관심 종목에 대해 질문하기

Are you interested any specific kind of exercise? like indoor golf or weight training?

어떤 특정 운동에 관심 있으신가요? 골프나 웨이트 트레이닝 같은 운동?

보유 기구에 대해 말하기

We have 100 cardio machines including 50 treadmills, 10 steppers, 20 elliptical, and 20 stationary bike.

우리는 총 100개의 유산소 운동기구가 있는데, 그 중 50개 트레드밀, 10개의 스테퍼, 20개의 엘립티컬, 20개의 고정형 자전거가 있습니다.

Our machines are state of the art equipments.

우리의 기구는 최첨단 장비들입니다.

지도자에 대해 설명하기

All of our instructors are qualified and experienced.
모든 지도자는 자질이 있으며 경험이 많습니다.

All are certified with at least 3 years of experience.
모두 인증 받았고 최소한 3년의 경험이 있습니다.

That Sounds good.
좋은데요.

영업시간에 대해 질문하기

What time does this gym open?
영업은 몇 시부터 시작하죠?

It opens up at 7 in the morning.
새벽 6시부터 영업합니다.

What time does it close?
몇 시에 문 닫죠?

It closes at 11 P.M.
밤 11시에 문 닫습니다.

프로그램 스케줄에 대해 말하기

Would you like to see a schedule of our programs?
프로그램 스케줄을 한번 보시고 싶으신가요?

Here is a schedule of our programs.
여기 프로그램 스케줄이 있습니다.

You can keep it.
가지셔도 됩니다.

수업 시간에 대해 설명하기

We have a dance sport class every Monday, Wednesday and Friday at 8 in the evening.
매주 월 화 수, 저녁 8시에 댄스스포츠 수업이 있습니다.

We have badminton classes of different skill levels offered at different times of day.
여러 레벨의 배드민턴 수업이 다양한 시간대에 열리고 있습니다.

We have aerobic classes of different intensity levels offered at different times of day.
여러 강도의 에어로빅 수업이 다양한 시간대에 열리고 있습니다.

Beginner (Intermediate, Advanced) level classes are held everyday.
초급 (중급, 상급) 수업이 매일 열리고 있습니다.

Beginner class opens every day at 10 in the morning, 2 in the afternoon, and 8 in the evening.
초급 수업은 매일 오전 10시, 오후 2시, 그리고 밤 8시에 열립니다.

한가한/바쁜 시간에 대해 말하기

What is the busiest time of day?
가장 바쁜 시간대는 언제죠?

When are you least busy?
가장 한가한 시간이 언제이죠?

Between 5 pm and 9 pm.
오후 5시와 9시 사이.

가격에 대해 질문하기

How much is it for the membership?
등록비는 얼마입니까?

Are there any promotions going on?
진행 중인 할인 행사가 있나요?

I am afraid that we don't have anything going on right now.
죄송하지만 아무 것도 진행 중인 게 없네요.

각종 가격 옵션에 대해 설명하기

We have a variety of membership options for your convenience.

당신의 편의에 따라 선택할 수 있는 다양한 가격 옵션이 있습니다.

We can offer you a 10% discount if you sign up now.

지금 등록하시면 10% 할인해드립니다.

We can offer you an additional personal training session if you sign up now.

지금 등록하시면 추가적인 퍼스널 트레이닝 서비스를 제공해드립니다.

We can offer you an additional month of membership if you sign up now.

지금 등록하시면 추가적인 2회 레슨을 서비스로 제공해드립니다.

We can offer you a 30% discount if you sign up now for three months.

지금 3개월 등록하시면 30퍼센트 할인해 드립니다.

It is 70 dollars per month, but you need to pay only 50 dollars per month if you sign up now for three months.

한 달에 7만원이지만, 지금 3개월 등록하시면 한 달에 5만원에 해드립니다.

체크인에 대해 설명하기

Members must check-in at the front desk upon entering the club.
입장 시 프런트에 체크인 하셔야 합니다.

Members must show their membership cards to the receptionist upon entering the club.
입장 시 멤버십 카드를 접수원에게 보여드려야 합니다.

회원권의 분실에 대해 설명하기

A fee will be charged to replace lost or stolen membership cards.

멤버십 카드 분실 및 도난 시 비용이 발생합니다.

출장으로 인해 빠질 경우 말하기

Can I extend my period of membership if I have to go on a business trip?
만약 비즈니스 출장을 가면 회원기간을 늘릴 수 있나요?

Yes. Just let me know of your plan ahead of time.
네. 계획에 대해 미리 알려 주시기만 하면 되요.

Yes. Just let me know before you leave.
네. 떠나기 전에 말씀만 해 주세요.

We have clubs all around the country.
클럽이 전국에 있습니다.

You are welcome to use our gym in other available cities.
우리 클럽을 소재하고 있는 다른 도시에서 클럽 활용이 가능합니다.

가입 신청서 작성에 대해 말하기

Can you fill in this membership form for me?
이 가입 신청서를 작성해 주실 수 있으신가요?

In order to register you, I need you to fill in this membership form.
가입하시기 전에 이 가입 신청서를 작성해 주셔야 합니다.

In order to register you, I need you to provide me with some information.
가입하시기 전에 몇 가지 정보가 필요합니다.

In order to register you, I need to ask you a few question.
가입하시기 전에 몇 가지 질문하겠습니다.

문제에 대해 말하기

Are there any special problems which we should know about?

특별한 문제에 대해 우리가 알아야 할 것이 있나요?

You should consult with your physician before using our service and facility.

서비스와 시설을 사용하시기 전에 의사와 상담하셔야 합니다.

위험에 대해 말하기

Please take(have) a look at this.
이것 좀 보세요.

It describes some of the risks of working out in our club.
클럽에서 운동할 때 발생할 수 있는 위험입니다.

I need you to be aware of these risks.
이것들에 관한 위험들을 인지하고 있으셔야 합니다.

It says that the club will not be responsible for injury incurred when…
…때 클럽은 부상에 대해 책임지지 않는다고 쓰여 있습니다.

Can you sign here?
여기에 싸인 해 주실 수 있으신가요?

상담 후 끝인사

If you have any questions, please feel free to ask any member of our staff.

질문이 있으시다면, 언제든지 우리 스태프들에게 질문해주세요.

If you have any questions, please feel free ask any member of our staff for assistance.

질문이 있으시다면, 언제든지 우리 스태프들에게 도움을 요청하세요.

If you have any questions, don't hesitate to contact us.

질문이 있으시다면, 연락하는데 주저하지 마세요.

We look forward to having(seeing) you at our gym.

우리 체육관에서 운동할(볼) 것을 기대합니다.

제18장

안전 설명 영어

시설 이용에 대한 주의사항

Members must not use the facility if they have any medical condition requiring treatment.

이용자는 의료치료가 필요한 상황에는 시설을 사용하지 말아야 합니다.

Patrons must wear appropriate attire at all times.

고객은 운동에 적합한 복장을 항시 착용해야 한다.

No one is permitted to use the facility under the influence of drugs or alcohol.

술이나 약물을 한 사람은 시설을 사용할 수 없다.

장비 이용에 대한 주의사항

Members must use the equipment only in the manner intended by the manufacturer.
이용자는 운동기구를 제조업체가 만든 목적대로 사용해야 합니다.

Please follow all instructions and warnings carefully.
모든 사용법과 주의사항을 준수하십시오.

All equipment must remain in the area it was placed.
모든 기구는 원래 있던 자리에 돌려놓아야 한다.

If unfamiliar with the proper use, please ask the fitness staff for assistance.
사용법에 대해 잘 알지 않으면 직원에게 도움을 요청하십시오.

30 minute time limit on cardiovascular machines must be observed when someone is waiting.
다른 사람이 기다리고 있을 경우, 제한 시간인 30분을 넘지 않도록 해야 합니다.

제19장

PT 영어

시작 전 인사하기

* PT 영어로도 가능

Welcome back.
돌아온 것을 환영합니다.

It is nice seeing you again.
I am happy to see you again.
다시 뵙게 되어서 반갑습니다.

준비운동 시키기

Please warmup.
준비운동 하세요.

Please do 15 minutes of warm up.
15분 동안 준비운동 하세요.

Please do light stretching first.
먼저 간단하게 스트레칭 하세요.

Then please warm up by walking(jogging, rope skipping) lightly.
그 다음 가벼운 걷기(조깅, 줄넘기)로 준비운동 하세요.

Please warm up on the running machine(stationary bike).
러닝머신(싸이클 머신)을 이용하여 준비운동 하세요.

운동유형 말하기

Today, we will do cardiovascular workout.
오늘은 유산소 운동을 하겠습니다.

Today, we will do strength building exercises.
오늘은 근력 운동을 하겠습니다.

Today, we will do flexibility(stretching) moves.
오늘은 유연성 운동을 하겠습니다.

집중할 신체부위 말하기

Today we are going to focus on the upper(lower) body.
오늘은 상체(하체)운동을 할 것입니다.
오늘은 상체에 집중할 것입니다.

Today we are going to focus on the stomach.
오늘은 복근운동을 할 것입니다.

운동종류별 횟수 말하기

Please do 3 sets of 20 sit-ups.
20회의 윗몸 일으키기를 3세트 하세요.

We are going to do circuit training today.
오늘은 서킷 트레이닝 방식으로 진행할 것입니다.

We will do 3 set of 10 sit-ups, 10 squats, and 10 lunges.
윗몸 일으키기 10개, 스쿼트 10개, 런지 10개로 1세트, 총 3세트를 하겠습니다.

That was the first set.
첫 번째 세트였습니다.

Two more to go.
두 세트 남았습니다.

시범 보여주기

Today we are going to do squat.
오늘 스쿼트 하겠습니다.

Let me show you how to do it.
하는 방법을 보여드리겠습니다.

Please watch and follow what I do.
제가 하는 것 보고 따라 하세요.

운동 시작하기

Please get into (squat) position.
(스쿼트) 준비 하세요.

You may begin.
시작하겠습니다.

서는 자세 알리기

Stand with your feet apart shoulder width.
Align your feet at shoulder width.
어깨 길이로 발 펴서 서세요.

Keep your feet closer together.
더 좁게 서세요.

Stand with your feet further apart.
더 넓게 서세요.

운동 시 신경 쓸 부위 알리기

Which part of the body are you working out?
어디 운동하시는 거죠?

You will not see much effect if you do it like that.
그렇게 하시면 효과 많이 못 봐요.

Focus on this part of the body.
이 신체부위에 더 집중하세요.

Please tense your thigh muscle harder.
허벅지에 힘 더 주세요.

Ease you neck muscle.
목에 힘 빼 주세요.

Don't tense your neck muscle.
목에 힘주지 마세요.

거울 볼 것을 유도하기

Please watch yourself in the mirror.

거울 보시면서 하세요.

자세 교정하기

Please lower your arm(leg, hip) a little bit more.
팔(다리, 엉덩이)을 좀 더 내려주세요.

Please raise your arm(leg, hip) a little bit higher(more).
팔(다리, 엉덩이)을 좀 더 올려 주세요.

Please bend your knee a little bit more(less).
무릎을 더(덜) 굽히세요.

Please bend forward a little bit more(less).
허리 더(덜) 굽혀 주세요.

Please lean forward a little bit more.
고개 앞으로 좀 더 숙이세요.

Don't lean forward.
고개 앞으로 숙이지 마세요.

Please lean backward a little bit more.
고개 좀 더 뒤로 젖히세요.

Keep your legs straight.
다리를 굽히지 마세요.

주의: 기타 교정관련 영어는 스포츠지도 영어에서 찾아 볼 수 있습니다.

STEP 12

주의시키기

Be careful not to…

…하지 않도록 조심하세요.

Don't forget to stretch before and after workout.

운동시작 전과 후에 스트레칭 하는 것을 잊지 마세요.

STEP 13

무리하지 않도록 하기

Don't overwork yourself.

무리하지 마세요.

Take it easy.

무리하지 마세요.

STEP 14

자세 칭찬하기

Your posture is good.
자세 좋습니다.

You're doing a good job.
잘 하고 계십니다.

STEP 15

특정 자세 유지하도록 하기

Hold the position for 1 minute.
자세를 1분 동안 유지하세요.

운동 강도 바꾸기

Let's increase the level of intensity a bit.
강도를 좀 높입시다.

Let's increase the pace(speed) a little.
속도를 좀 늘립시다.

Let's gradually(slowly) increase the pace(intensity).
속도(강도)를 점차(천천히) 늘립시다.

Let's slow down.
속도를 줄입시다.

You can do better than that.
그보다 더 잘 할 수 있습니다.

STEP 17

심박수 올리기

Let's get your heart rate up.
심박수를 올립시다.

STEP 18

잠시 쉬도록 하기

Please catch your breath.
잠시 숨 돌리세요.

정리 운동 시키기

Do stretch before you leave.
떠나기 전에 스트레칭 하세요.

Do cool down exercises before you leave.
떠나기 전에 정리 운동하세요.

It is just as important as warm up exercises.
준비운동만큼 중요합니다.

마무리 인사

It was nice working with you (again).
(또) 같이 일하게 되어서 좋았습니다.

I look forward to seeing you again.
다시 볼 것을 기대합니다.

제20장

스포츠지도 영어

시작 전 인사하기

* PT 영어에서 나타나는 것과 유사함

준비운동 시키기

Please warmup.
준비운동 하세요.

Please do 15 minutes of warm up.
15분 동안 준비운동 하세요.

Please do light stretching first.
먼저 간단하게 스트레칭 하세요.

STEP 3

모이게 하기

Can I have everyone gather next to me?
모두 제 옆에 모여 주시겠어요?

STEP 4

복습하기

Shall we review the skills we learned in the last class?
지난 수업에서 배운 동작을 복습할까요?

연습 여부 질문하기

Did you have time to practice?
연습할 시간이 있었나요?

How many practiced?
연습하신 분은 몇 명이죠?

새로운 동작 소개하기

Today we are going to learn a new move(skill).
오늘 새로운 동작(기술)을 배울 것이에요.

The new skill is called the 'spin'.
새로운 기술은 '회전'이라고 합니다.

새로운 동작 보여주기

Let me show(demonstrate) how 'spin' is done.
'회전'을 어떻게 하는 것인지 (시범)보여드리겠습니다.

Watch me carefully.
저를 자세히 보세요.

The spin goes like this.
회전은 이렇게 진행하는 것이에요.

This is how the 'spin' is done.
'회전'은 이렇게 하는 것입니다.

따라 하도록 하기

Do you think you can do this?
따라 할 수 있겠어요?

Try it.
한번 해 보세요.

자세 교정하기

Keep your arms(legs) straight.
Please straighten your arms(legs).
팔(다리) 굽히지 마세요.

Keep your back straight.
Please straighten you back.
상체를 똑바로 하세요.

Keep your arms(legs) bent.
팔(다리) 계속 굽히세요.

Keep your arms forward.
팔을 계속 앞으로 올리세요.

Keep feet apart please.
발은 벌려 주세요.

Raise(lower) your arms just a little.
팔을 조금만 올리세요(내리세요).

Please lean forward just a little.
몸을 조금만 앞으로 숙이세요.

Please lean backward just a little.
몸을 조금만 뒤로 젖히세요.

Lower your head.
고개를 숙이세요.

긍정적 피드백 주기

That's right.
잘 하셨어요.

You're doing it right(properly, correctly).
제대로 하고 있어요.

You're doing it accurately.
정확하게 하고 있어요.

부정적 피드백 주기

That's not right.
그것 아니에요.

You're not doing it right(properly, correctly)
제대로 하고 있지 않아요.

You're not doing it accurately.
정확하게 하고 있지 않아요.

연습시키기

I will give you some time to practice.
연습 할 시간 좀 드리겠습니다.

Please practice both the old and new skills.
옛 동작과 새로운 동작을 같이 연습하세요.

Keep practicing (for 15 minutes).
(15분 동안) 계속 연습하세요.

그룹 짓기

Find a partner to practice(play, participate) with.
같이 연습(플레이, 참여) 할 파트너(짝)을 찾으십시오.

Get into groups 4 and practice(play).
4명씩 조를 만들어 연습(플레이)하세요.

수업 종료하기

Time is up.
시간이 다 됐습니다.

Please put everything back in order.
모든 장비를 제 자리에 돌려 놓아주세요.

정리운동과 마무리 인사

Please stretch before you leave.
떠나기 전에 스트레칭 하세요.

Do cool down exercises before you leave.
떠나기 전에 정리 운동하세요.

It was nice working with you guys(again).
(또) 같이 일하게 되어서 좋았습니다.

I look forward to seeing you again.
다시 볼 것을 기대합니다.

▌저자 약력

✿ 김 수 잔

미국 텍사스 오스틴 주립대학교 학사(경영)
미국 퍼듀대학교 석사(경영)
미국 미연방체육대학원 박사(스포츠경영)
현) 한국체육대학교 레저스포츠학과 교수
한국스포츠산업경영학회 부회장
한국스포츠산업협회 이사
사단법인 대한줄넘기총연맹 회장
대한장애인체육회 이사
대한컬링경기연맹 이사

스포츠 비즈니스 영어

초 판 1쇄 인쇄 —— 2016년 2월 15일
초 판 1쇄 발행 —— 2016년 2월 20일
지은이 —— 김 수 잔
펴낸이 —— 전 두 표
펴낸곳 —— 도서출판 **두남**
서울시 강동구 성내로6길 34-16 두남빌딩
신 고 : 제25100-1988-9호
TEL : 02) 478-2065, 2066, 2067, 2311
FAX : 02) 478-2068
E-mail : dunam1@unitel.co.kr
http://www.dunam.co.kr

정가 17,000원

ISBN 978-89-6414-668-2 93320